U0940022

首都师范大学文化研究院重大研究项目ICS-2012-A-04

北京城市形态与功能的历史演变研究丛书 / 吕拉昌 主编

元代及元代以前北京城市形态与功能演变

·朱祖希 著·

·广州·

图书在版编目（CIP）数据

元代及元代以前北京城市形态与功能演变/朱祖希著．—广州：华南理工大学出版社，2015.12

（北京城市形态与功能的历史演变研究丛书）

ISBN 978－7－5623－4665－4

Ⅰ．①元…　Ⅱ．①朱…　Ⅲ．①城市史－研究－北京市－古代～元代　Ⅳ．①K291

中国版本图书馆 CIP 数据核字（2015）第 176606 号

元代及元代以前北京城市形态与功能演变

YUANDAI JI YUANDAI YIQIAN BEIJING CHENGSHI XINGTAI YU GONGNENG YANBIAN

朱祖希　著

出 版 人：卢家明

出版发行：华南理工大学出版社

（广州五山华南理工大学 17 号楼，邮编 510640）

http：//www.scutpress.com.cn　　E-mail：scutc13@scut.edu.cn

营销部电话：020－87113487　87111048（传真）

策划编辑：王　磊

责任编辑：江肖莹

技术编辑：杨小丽

印 刷 者：广州家联印刷有限公司

开　　本：787mm×960mm　1/16　**印张**：10.25　**字数**：179 千

版　　次：2015 年 12 月第 1 版　2015 年 12 月第 1 次印刷

印　　数：1～1 000 册

定　　价：32.00 元

总　序

城市形态与功能研究是城市研究最为重要的两个方面。狭义的城市形态是指城市实体所表现出来的具体空间的物质形态，而广义的城市形态不仅包括城市的物质形态，也包括经济活动、社会文化、居民构成等非物质文化的社会形态。城市功能是城市在国家或区域中所起的作用、所承担的分工。城市形态与城市功能有密切的联系。城市功能依托于城市形态，对城市形态的变动有重要的影响。城市内部在政治、经济和文化等方面的发展与布局存在一定的差异，即是城市功能分区。城市功能分区是城市功能与形态的具体体现与结合。但是，城市的形态与功能都是经过长期的历史演化形成的，是历史、文化的产物，也体现时代的特点。虽然，当今城市研究已经进入数量化、大数据时代，但分析城市形态与功能的历史演变始终是城市研究的重要主题。

北京作为历史悠久的古都，其历史演变影响的重要性不言而喻。自辽代以前的北方重镇蓟城，至辽南京城、金中都城，再至元大都城、明清北京城、民国北平城，乃至建国后的首都北京，其城市中心位置的选择与变动、城市形态的建立与变迁、城市功能分区的形成与变换等，从物质形态到社会、职能形态，均对北京城有着深远的影响。北京城在三千多年历史演变过程中，其城市整体形态的传承过程以及传承机理，是北京如何发扬城市历史文化影响力研究中最值得关注的课题。

传承北京城悠久历史文化，历史古城的保护是重中之重。当今城市遗产保护已不局限于建筑、街道、遗址地等物质文化遗产，对非物质文化遗产也同样重视。城市、遗产地的整体性保护议题也是目前古城历史文化传承领域的热门方向。北京作为多朝古都，在历史文化街区划分、遗产地分级保护等传统方式之外，对于城市整体形态的保护，将成为未来城市保护的发展方向。而要做好城市整体形态的保护，对其历史演变及传承性的深入探索，是最应重视的问题，对当今城市发展也具指导意义。

现实的北京发展面临许多现实的问题。如何处理世界城市建设与北京人口、资源、环境发展的矛盾？如何解决北京城市“摊大饼”式的扩展问题？

如何处理首都功能与其他城市功能的关系问题？这些问题都需要有科学的答案。但给出科学答案的重要一环就是要尊重历史，深入探讨北京城历史演变的具体过程和内在影响因素。只有这样，才有可能为当今北京城市问题的解决提供有价值的参考思路。

本丛书是首都师范大学文化研究院的重大招标课题，课题名称为“北京城市形态与功能的历史演变”，各个子课题之间虽然以时间段划分，在时间轴上却是连续的整体。每个时间段内，基本内容都包括对当时北京城形态的研究、城市功能与功能分区格局的研究以及形态与功能之间相互关系的研究。按照时间顺序划分为五个子课题，分别是：元代及元代以前北京城市形态与功能的演变研究；明代北京城市形态与功能的演变研究；清代北京城市形态与功能的演变研究；民国北京（北平）城市形态与功能的演变研究；建国后北京城市形态与功能的演变研究。研究方法上，主要利用传统的历史地理学研究方法，注重多学科交叉及地理学新技术应用，利用遥感与地理信息系统（GIS）结合城市空间形态理论、功能结构理论、区域经济学、社会学、环境学等学科的理论，分析北京城形态和功能的历史演变问题。研究分工如下：元代及元代以前北京城市形态与功能演变研究由朱祖希完成；明代北京城市形态与功能演变研究由王越完成；清代北京城市形态与功能演变研究由赵寰熹完成；民国北京（北平）城市与功能演变研究由孙冬虎、王均合作完成；建国后北京城市形态与功能演变研究由吕拉昌、黄茹等合作完成。课题2012年开始，2015年完成，历时三年，三年中各课题组成员付出了巨大努力，按时、按质完成了研究任务，然而北京城市形态与功能的演变研究实在是一个深奥与宽广的课题，尚有较大的研究空间，期待更多更高水平的成果出现。

在课题完成过程中，得到了许多领导与学者的关心、关注与帮助。北京市人大副主任、原首都师范大学校长刘心成教授，首都师范大学校长宫辉力教授，首都师范大学副校长、文化研究院常务副院长邱运华教授，首都师范大学文化研究院常务副院长陶东风教授，中科院地理所方创琳研究员，北京市规划院研究室副主任何永，首都师范大学资源环境与旅游学院院长李小娟教授等，对课题研究给予了大力支持，在此一并致以衷心的感谢！

吕拉昌　尹钧科

2015年8月于北京

绪　言

城市，是人们公认的人类三大文明的标志之一。

有人说，没有城市文明是难以想象的。但是，古代的城市的历史是建立在农业基础上的城市的历史。

中国作为文明古国之一，地域相当辽阔，各地区的自然地理条件也相当复杂。尤其是在文明起源之前的新石器时代，各种文化在中华大地上争妍竞秀，而且常常相互影响、相互渗透，交织成一幅瑰丽的图景，为后来独特灿烂的中国文明打下了深厚的基础。

中国新石器文化的发展是多元化的。例如，中国文明出现前夜的龙山文化时期，在黄河上游地区，是继承甘肃仰韶—齐家文化的氐羌文化区；在黄河中游地区，是继承仰韶—河南龙山文化的华夏文化区；在黄河下游及江淮流域，则形成了以大汶口—山东龙山文化为代表的东夷文化区；在长江中游地区，出现了具有湖北龙山文化特色的苗蛮文化区；在杭州湾两岸及太湖流域，存在着由良渚文化孕育形成的吴越文化区；在燕山以东的长城内外，则形成了以红山—富河文化为主的燕辽文化区。考古研究证明，在上述六大文化区中，中原华夏文化区在中国文明诞生之前，便已居于中国史前各文化区的核心地位，奠定了它作为中国文明发祥地的坚实基础。这是因为在远古时期，黄河流域具有得天独厚的自然地理条件：温暖湿润的气候、纵横交错的河流、星罗棋布的湖泊以及松散肥沃的土壤，而且其土壤的肥力也远远超过了其他流域和地区。这便是黄河流域成为中国文明摇篮的重要物质基础之一。而在中国2000多年的封建社会中，前1000年的政治文化中心始终在中原地区，且沿着长安—洛阳—开封这一东西向的轴线呈徘徊式的移动；后1000年，中国的政治文化中心才逐步向东南方向的长江中下游地区，即南京—杭州地区转移。

河流孕育了人类文明，也孕育了代表人类文明的城市。“城市”一词，最早见之于中国典籍的，当推战国时期的史籍。

《韩非子·爱臣》云：“是故大臣之禄虽大，不得藉威城市”“今有城市之邑七十，愿拜内之于王，唯王才之”。但是实际上，“城”与“市”是两个不同的概念。“城”在古代是指在一定的地域上用于防卫而筑起的城墙。“大道既隐，天下为家，各亲其亲，各子其子，货力为己，大人世及以为礼，城郭沟池以为固。”“城为保民为之也”“城者所以自守也”。所以，这时的“城”实质上只是一座具有防御性的“城堡”，它仅仅是作为统治中心而存在的。在古代诸凡王朝领地、诸侯封地、卿大夫采邑，都以有城垣的都邑为中心，皆称“城”。“市”则是指进行交易的场所，即买卖交换商品的场所。“日中为市，致天下之民，聚天下之货物，交易而退，各得其所。”而只有当社会发展到一定的历史阶段，城市已经成为人们生活中感觉到的客观实体，防御功能的“城”与商品交换的“市”已经结合在一起，才会在语言中出现“城市”一词。然而，“城”与“市”有机地结合起来，并在语言中形成一个约定俗成的词语，却经历了一个较为漫长而复杂的过程。

在我国原始社会末期，由于生产的不断发展、私有财富的出现和积累，部落和部落联盟之间经常发生掠夺财富的斗争，筑城自守就显得非常必要，“城”也便应运而生。而在古代文献中关于这一时期“城”的记载，诸如“黄帝始立城邑以居”“帝既杀蚩尤，因之筑城”“黄帝筑城造五邑”“夏鲧作城”“昔者夏鲧作三仞之城”“筑城以卫君，造郭以守民，此城郭之始也”等，也已被考古发掘所证实。我国已经发现新石器时代的龙山文化时期的多座城址，如城子崖、后岗、王城岗、平粮台等。这些城址大都是出现在新石器时代龙山文化晚期，个别可达中期。这与我国古代文献所记载的古史传说是完全吻合的。但是，如果从“城”的最初职能主要是为防御而论，早在新石器时代仰韶文化的遗址中就已有了防御性的设施。例如，在西安半坡遗址和临潼姜寨遗址的四周都发现有人工挖掘的壕沟，并在壕沟内侧设有栅栏。它们所起的防御作用，与早期“城”的功能是一样的。那么，仰韶文化时期居址四周的壕沟和栅栏，作为中国城池的萌芽或征兆，也是完全可以的。

商代的城在古代的文献中屡见记载，商丘、亳、殷、朝歌等都是当时著名的都城，且已被考古发掘所证实，如河南郑州商城、偃师商城、湖北黄陂盘龙城、山西夏县东下冯商城、河南安阳殷墟等。这些城的规模都比较大，而且在城内外都有规律地分布着宫殿区、居民区、手工业作坊区和墓葬区等。从古代文献中也可以看到，商代已经有了专门交易的场所——市。“市”内还有各种各样的“肆”。“殷君善治宫室，大者百里，中有九市。”相传姜尚

(姜子牙)在未遇文王之前,就曾在朝歌和孟津市的肆内做负贩、屠宰、卖酒的营生。“太公贫困,负贩于朝歌。”

由此可见,在商代的城中,已经出现了“市场”,这似乎已是毋庸置疑的了。不仅如此,考古发掘证明,郑州商城、殷墟、盘龙城、偃师商城等,不仅都是商代的都邑,即在客观上已成为当时全国或某一地区的政治统治中心,而且也已经具备了城市的经济性质,即除了已经出现的“市”以外,还有发达的手工业和商品交换中作为等价物形态的货币——贝,已经普遍流通。

例如,在郑州商城南北曾发现制铜作坊遗址。城南的总面积约为 1050 平方米,且主要出土镞范和斨(qiāng,古代的一种斧子)范;城北的面积为 275 平方米,主要出土刀范和戈范。此外,该城还发现了一处面积约 1400 平方米的制陶作坊遗址,出土陶范三四千块,且主要是以盆、甑为主的泥质陶器。而在城北发现的一处制骨作坊遗址,在其中一个窖穴中就出土了一千多种骨器成品、半成品及骨料,其中绝大多数是镞、簪。1958—1959 年在安阳殷墟的苗圃北地发掘的铸铜作坊遗址,其面积至少在 1 万平方米以上,出土陶范三四千块。而在北辛庄发现的制骨作坊遗址,仅发掘的面积就达 247 平方米,在其中的一个椭圆形骨料坑中,出土的骨料、废料和半成品等就多达五千余种,且以骨笄(jī,古代束发用的簪子)和笄帽为最多。再从手工业的产品来看,1938 年在殷墟出土的“司母戊鼎”,高 133 厘米,宽 78 厘米,长 110 厘米,重达 875 公斤。这种巨型铜器,在当时的铸造水平下,至少需要 300 人同时操作才能完成。

上述手工业作坊的遗址和遗物,不仅客观地反映了当时这些城市中发达的手工业以及其规模、分工,也说明了其产品已不是专门供作坊主自己使用的,而是为了交换。所以,在商代就已经出现了门类比较齐全的手工业。据《左传》定公四年(公元前 585)记载,周初曾俘虏了许多有手工业技能的殷民,其中有索氏(绳工)、长勺氏、尾勺氏(酒器工)、锜氏(锉刀工或釜工)、契氏(篱笆工)、终葵氏(锥工)等。如果把这些记载与商代城址周围的考古发现结合起来,可推知商代城中的手工业至少已有青铜制造业、制陶业、骨角牙蚌制造业、玉石业、纺织业、酿酒业、建筑业、木漆制作业、编织业、制革业等十几个门类了。

商代手工业内部的进一步分工和商品生产的兴起,必然引起商品交换的扩大,而在商代的墓葬中,无论是王公贵族的大墓,抑或一般平民的小墓,都发现有殉贝现象。例如，在山东益都苏埠屯一座商代大墓中，曾发现了3790枚海贝；安阳小屯一座中型墓中，亦曾发现了6000多枚海贝；近年发掘的殷墟妇好墓有近7000枚殉贝。可见，贝已作为一种财富，为奴隶主贵族所敛聚。同样，在一些中小奴隶主的墓葬中，亦有殉贝的现象，如郑州白家庄一座墓中，就有殉贝460多枚；安阳殷墟M_{272}和M_{261}墓中，分别有殉贝350枚和263枚。在一些平民的墓中也不乏殉贝现象，1953年在安阳大司树发掘的160座平民墓中，其中83座有殉贝；1969—1977年在殷墟西区发掘的800多座墓葬中，有336座有殉贝。这些现象不但反映了这些墓主人对当时社会财富的占有程度，而且也反映了占有者的权力和身份。

商代商品经济的发展促使了货币的出现，而货币的出现又反过来促进手工业和商业的进一步繁荣。郑州商城和安阳殷墟发掘出的大量海贝、鲟鱼鳞片、鲸鱼骨、海蚌、大龟和玉制品等遗物，皆非本地所产，其中很大一部分无疑是交换而来的。特别是其中的玉，盛产于新疆，海贝和大龟则盛产于南海和印度洋沿岸。可见，商代中原腹地已与遥远的外地有了较为广泛的贸易往来。

居住规模和房屋的大小，既反映了主人财富的多寡，也反映了主人当时的身份和地位的高低。在现今所发掘的郑州商城、安阳殷墟和湖北盘龙城等商代城址中，都发现由规模宏大的夯土台基组成的宫殿区。这当然是统治者发号施令和日常起居的所在。而一般的平民住房，不但规模小，其建筑也简单。同样，墓葬的大小及其等级，也反映出死者生前的社会地位和身份。以殷墟的墓葬为例：带4个墓道的大型墓，已发现8座，墓主人是殷代社会中的最高统治者——王；一般带一两个墓道的中型墓，已发现22座，墓主人是殷代社会中的大奴隶主贵族；长方形的竖穴中型墓，已发现100多座，墓主人是商代社会中的中小奴隶主；长方形的竖穴小型墓，已发现3400座，墓主人是商代社会中的平民；无墓、圹墓、乱葬坑，墓主人应是商代社会中的奴隶。而在这些墓葬中，平民的墓葬在数量上占有绝对优势。这种多层次的阶级结构，说明“城市”在商代已经是实实在在的客观存在了。

从以上分析可以清楚地看到，商代的都城既有作为阶级对抗的防御措施——城墙、壕沟，又有进行商品交易的场所——市；已有贵族、平民、奴隶的多层次社会结构，又有兴旺发达的手工业和商业。它不仅已是某一历史时期国家或地区政治、军事、文化的中心，而且也已是该国家、该地区实质上的经济中心。也就是说，它已经完全属于“城市”的范畴了。

综上所述，无论从生产力发展的水平而言，还是从考古发掘遗址的形态来看，我国黄河中游及其附近，在龙山文化的中晚期即已出现最初的城市。而到了商代，在中国的大地上已有了名副其实的城市。自然，也有了作为城市本身所拥有的功能，乃至其在空间独特的形态。

北京位于华北平原的北端，地处中原农耕文化与北方草原游牧文化的交接地带。在燕山南麓、太行山东麓成长起来的本土文化，既受到中原文化的强大渗透，又时时受到来自北方草原游牧文化的冲击。那其文化起始于何时？城市又诞生于何时、何地？遵循一道怎样的轨迹发育、成长？

城市是人类文明的产物和标志，它是一部具体的、真实的人类文化的记录簿。城市的历史建筑，它的空间形态、环境特色是其文化价值最直观，也是最生动的写照。

北京悠久的历史和深厚的文化积淀为世人所瞩目，对它的研究也是连绵不断，硕果累累。

“北京城市形态与功能的历史演变研究丛书”旨在探索北京的城市发展历程：自出现城市之后，先成为方国的都城——区域性的政治中心；秦统一全国后又成为北方的军事重镇；辽朝开始在这里建陪都，称南京；金朝正式建中都，成为北半个中国的政治中心；元统一全国，建大都，开始成为全国的政治中心；又历明、清，一直至今。

“历史悠久，延绵不断，逐步升级”既为我们概括了北京城漫长的历史，也为我们提出了研究的方向，即探索并阐述北京在不同的历史时期的城市形态和功能。而这也正是本研究所需要遵循的宗旨。

此书稿由首都师范大学硕士研究生李克强同学帮助录入。在此，谨致以衷心的感谢。

2014年10月23日于虎怡斋

目　　录

第一章

北京城市形态和功能演变的地理背景

历史上城市的出现，是社会发展的必然结果。它是伴随着私有制的出现、阶级的分化和对立而形成的。但是，一个城市一旦适应社会经济的要求而出现，它必然要具备一个足以满足它的发展要求的固定城址。因此，如果说社会经济的发展是城市出现的决定性因素，那么合适的城址就是城市发展的必要条件。

这就是说，一个城址的确定绝不是偶然的。它是在一定的历史条件下，由特定的空间关系所决定的。这就是客观存在的自然地理环境和在历史的发展中逐渐形成的人文地理环境。

北京位于华北大平原的北端，地处华北大平原、东北辽河平原、内蒙古高原三大地理单元的交接之地。同时，它也是农耕文化、游牧文化、渔猎文化的相互交流融合之地。就中国的都城而言，它是中国2000多年封建社会帝都建设的最后结晶，是集大成者。毫无疑义，我们对于“北京城市形态和功能演变”的研究也就必须放到“大中华”的地理背景下来进行。

一、 自然地理背景

1. 中华大地的地理态势

中华民族生息、繁衍的华夏大地，位于欧亚大陆的东岸，太平洋的西岸。东起黑龙江与乌苏里江汇合处，西至帕米尔高原，横贯62个经度，东西距离5200公里；南起曾母暗沙，北至漠河以北的黑龙江江心，纵跨近50个纬度，南北距离5500公里。在这片广袤的土地上，有巍峨的群山、壮阔的高原、巨大的盆地、宽广的平原、众多的湖泊和漫长的海岸线，正是它们构成了为数众多的、相对独立的地理单元[①]。

我国西部是海拔达4000米以上、号称“世界屋脊”的青藏高原。高原上横亘着一系列巨大的山脉，湖泊盆地星布其间。我国最长的两条河流——长江、黄河都发源于此。这便是构成中华大地地形的第一级阶梯。由此往东，北起大兴安岭、蒙古高原、黄土高原，往南延续到云贵高原，地势下降到海拔1000～2000米，其间又有塔里木盆地和四川盆地，它们构成了第二级阶梯。再往东便是海拔千米以下的丘陵地带和海拔200米以下的平原，即由东北平原、华北平原、长江中下游平原和江南丘陵构成的第三级阶梯。

由于我国位于全球最大的陆地——欧亚大陆和最大的海洋——太平洋之间，海陆的冷暖气流和行星风系的季节性位移引起的季节性风系变化，使我国的气候具有大陆性季风气候的特征。在大兴安岭—阴山—贺兰山—乌鞘岭—横断山以东地区，夏季主要受暖湿的海洋季风的影响，气候湿润多雨。降雨量的分布大体由东南向西北逐渐减少。冬季我国大陆受西伯利亚高压的控制，盛行偏北风气流，干燥而寒冷。我国气候的大陆性主要表现在年温差较大，降水主要集中在夏季。同时，这种受大陆性气候影响的程度自东南向西北递增。东南部地区不仅年温差比西北部地区小，湿度也较大，而呈阶梯状分布的地势又进一步加强了东部地区的季风强度，抑制了西部地区冷暖气流的交换，从而加剧了我国气候的地域差异。

东部季风区与地势分布的第三级阶梯大体相当。这里雨量丰沛，气候湿润，天然植被以森林为主，有一部分是森林草原，且地势平坦，有着广泛的冲积平原，土壤肥沃。

自然环境既有利于动植物的生长，也有利于人类的生息繁衍。辽阔的领土、适中的地理位置和复杂多样的地质地貌结构、自然环境条件，为我们提供了丰富多样的自然资源。我们的祖先就世世代代地生活在这片中华大地上。

从考古发现得知，我国境内早期的人类活动主要分布在东部季风区和西北干旱区接近东部的边缘地带。这里不仅是我国农业的起源地，而且也是人类最早进入文明时代的地区之一。

① 上海师大，吉林师大，北京师大，武汉师院，西南师院，华南师院，甘肃师大：《中国自然地理》，人民教育出版社，1980年，第1页。

2. 北京自然地理格局的形成

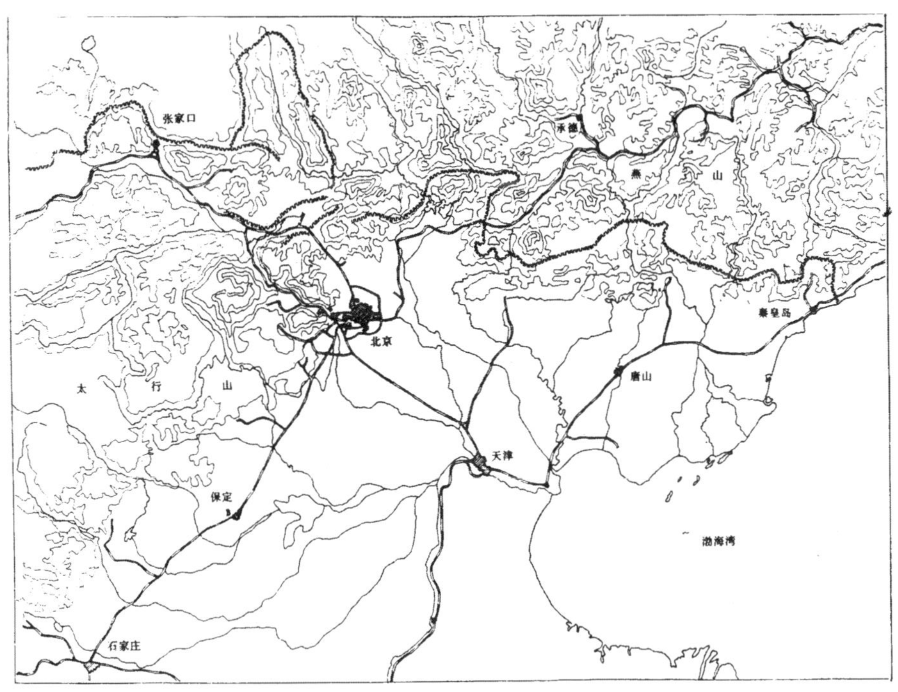

图 1－1　北京的地理环境

距今 7000 万年以前的中生代时期，是一个在我国大陆和亚洲东部地壳发生重大变化的时期，主要表现为强烈的褶皱断裂运动和差异性升降运动，以及与此相伴生的延续时间较长、次数多、范围较广，又表现得十分强烈的火山活动和岩浆的上升和侵入作用。而与此相关的则是断裂上升山地的剧烈冲刷破坏和断陷盆地的巨厚沉积作用。由于这些特点在现今的燕山山脉地区表现得尤为明显，所以在地质史上就把这一时期的运动统称为“燕山运动”。

北京地区的构造轮廓，基本上就是由中生代末燕山运动形成的。之后，一方面是断裂升降，其表现为东北、北部山区和西山的大幅度上升，并伴随着大规模岩浆的侵入活动。另一方面，原先趋于下降的平原地区，则继续大幅度下降，接受了巨厚的沉积，从而奠定了北京地区山脉、盆地、平原的分布和地势自西北向东南呈阶梯状下降的格局。

北京地区的山脉大势有“左环沧海，右拥太行”之说，即北部的燕山山脉和西部的太行山脉，构成一个向东南开放的半环形山湾。

燕山山脉自距今6亿年前的元古代以来，一直趋于缓慢地隆起。由于山体不断遭受风化剥蚀，中生代侵入的花岗岩体如今大面积地暴露于地面，组成中、低山和丘陵。而第三纪以来地壳的新的活动，奠定了燕山以东西向为主干的基本山势。如第三纪发生的喜马拉雅运动，北侧的大海坨断块隆起形成中山，最高峰大海坨2234米；南侧的军都山断块隆起，形成八达岭山；正中央断块下陷的延庆—怀来盆地中，沉积了巨厚的第四纪河湖相地层。而密云县境和怀柔东北部，则由于山体的隆起，原覆盖于其上的岩石被风化剥蚀。因此，原属太古界基底的变质岩系大面积出露地表，云蒙山花岗岩侵入体也出露地表，并形成了海拔1000米的中山地貌景观。

太行山脉位于北京之西，统称“北京西山”。北京西山及其以东的平原，在中晚元古代至中生代的大部分时期，一直处于缓慢的沉降状态，堆积了厚度超过万米的地层，故又称“西山凹陷”。到了中生代晚期，受燕山运动的影响，西山凹陷因发生大断裂而逐渐解体。在八宝山—高丽营深断裂以西，断块隆起，褶皱为山；断裂以东，断块下沉为谷，其基岩的埋深在现代平原之下1000多米。到了第三纪初，大体形成京西褶皱隆起、北京凹陷和大兴隆起，即“两隆一凹”的构造单元。

（1）京西褶皱隆起

包括北京西山及山前隐伏地带，出露地层比较齐全，包括中、上元古界，下古生界的寒武、奥陶系，部分地区有上古生界的石灰系、三叠系，中生界的侏罗系、白垩系地层。

燕山运动使地壳隆起，沉积岩层受水平力作用褶皱为山，形成“京西褶皱隆起”。尔后，又受喜马拉雅造山运动的影响，京西隆起断裂为两部分：西部的褶皱山继续隆起，形成海拔1000米的北东向复向斜构造，即西山隆起；南口山前断裂以东，下沉断块成为沙河凹陷。

“西山隆起”最早发育的向斜中山有以下三列：

第一列即百花山、庙安岭、髻髻山等向斜山，其轴向呈北东—南西，略呈“S”状。从西南部的白草畔（海拔1983米）开始，向东依次为百花山（1991米）、老龙窝（1645米）、清水尖（1528米）、髻髻山（1524米）、妙峰山（1291米）一线。由上侏罗统髻髻山组火山岩构成向斜的核部。

第二列（往西南方向）为九龙山（858米）、香峪大梁向斜，由中侏罗统九龙山组火山碎屑岩构成向斜的核部，两翼组成物为下侏罗统和二叠系、石炭系地层（谷坡出露门头沟煤系）。

第三列为北岭向斜（位于周口店的西北部）主峰猫儿山（1307 米）。因受房山侵入岩的挤压，向斜呈新月形，其核部也是九龙山组火山碎屑岩，翼部仍为煤系地层。

与上述各向斜之间的背斜构造相对应的有黄草梁背斜、军庄（穹窿）小背斜、老爷庙背斜和马鞍山（穹窿）小背斜。复向斜构造体系遂形成宽向斜和宽背斜相向分布的“隔档式褶皱构造”。

需要特别指出的是，京西褶皱隆起中山向斜构造地层的西部为永定河所切割。河水经向斜构造地层，在北京西山以泉流的形式出露地表，其中包括被称为“天下第一泉”的玉泉山泉水，都源于永定河河水的补给。

（2）北京凹陷

“北京凹陷”位于平原区。这是一个呈东北—西南走向的不对称地堑型凹陷。其西北侧的八宝山—高丽营断裂不仅陡而且深；其东南界的通州—南苑断裂浅而缓。然而，它们都是活动性断裂。凹陷内的下古生界地层，下陷至 1000 ～ 1500 米深，上覆地层为数十米至数百米厚的上侏罗统、下白垩统、第三系和第四系地层，厚度一般为 300 ～ 500 米。上新世末或更新世初，由于受新形成的良乡—顺义断裂差异活动的控制，北京凹陷的西南部反而上升，与大兴隆起联为一体。顶部的第四系地层仅厚 50 ～ 100 米；东北部继续下沉，形成顺义凹陷，第四系地层最大厚度超过 1000 米。

由上述可知，第四纪以来，北京凹陷被分解为沙河凹陷、顺义凹陷和大兴隆起，即“两凹一隆”的断块构造格局。

（3）大兴隆起

“大兴隆起”宽约 18 公里，深部呈正断层，倾向偏西。断层西北盘为中、上元古界，寒武系，奥陶系地层，深埋于 400 ～ 1000 米处，上覆巨厚的第三系地层。断层东南盘与之相当的地层，埋深仅 60 ～ 300 米。隆起的顶部（大兴区黄村、旧宫附近），一般没有第三系的地层，而第四系地层厚达 50 ～ 150 米。早更新世时，“大兴隆起”是一个剥蚀丘陵，至中更新世时剥蚀区进一步缩小，其边缘地带受严重的侵蚀切割，有大量粗细不均的沙、砾和泥质，被流水搬运至低地堆积区。侵蚀、剥蚀区的边界，大致在洼里、定福庄、广安门、大兴和房山一线。晚更新世中晚期，永定河自三家店以下出山口，形成了以石景山为顶点，由西向东展布的洪、冲积扇；潮河、白河和洵错河所形成的洪、冲积扇也日益渐高，并由北向南延展。大量的泥沙被输往山前地带，逐渐覆盖了大兴隆起地区的基岩面。[1]

3. 北京湾，孕育北京城的摇篮

人类历史发展的事实证明，人类最初的文明总是首先在河套地区开始发展的。尼罗河流域、两河流域（即底格里斯河和幼发拉底河所形成的美索不达米亚平原）、印度河流域是这样，中国的黄河流域、长江流域也是这样。这是因为，这些由河流冲积而成的平原地区，不仅地势平坦，而且土壤肥沃，雨量也适中，所以耕作业会首先发展起来，进而出现城市。广阔的平原又正是城市发展所需要的地理空间。

北京位于我国华北大平原的北端，地处东北平原、蒙古高原、华北平原三个不同自然地理单元的交汇部。由西南而来的太行山脉，层峦叠嶂，绵亘数百公里；燕山山脉屏障其北，峻岭崇山，巍峨壮丽；其东南一面便是坦荡辽阔的华北大平原。其地南接中原，直趋江淮，东濒渤海，汪洋无涯；海河水系的北运河、永定河、大清河、子牙河、南运河等，形成了一个巨大的扇形水系，汇流天津，东注渤海。

源自山西、内蒙古，流经河北、北京、天津的永定河，切开了北京西北山地的重峦叠嶂，在今三家店附近出山并荡涤于平原之上。永定河与源自燕山山地的潮白河、温榆河等共同铸就了一个面积颇为广阔的洪、冲积扇。这便是人们在日后所见的“北京小平原”，即“北京湾”。正是这个水甘土厚的“北京湾”，孕育了北京城。

自西向东绵延起伏的燕山山脉，横亘在北京小平原的北部。它与南来的太行山山脉，在南口的关沟附近相汇合，形成了一个弧形的山弯。其状若围屏，只在东南一面开向平原。这样，就在地貌上形成了一个半封闭的“海湾”，人们称之为“北京湾”。

北京湾是华北大平原的一部分，而华北大平原又是由滦河、海河、黄河及淮河诸水合力冲积而成的，其中以黄河的营力最大、贡献最多。所以，华北大平原又称“黄淮海平原”或“黄河大三角洲”。它是我国最大的平原，面积达 37 万平方公里。其北、西、南三面则由燕山、太行山、伏牛山和淮河

① 高善明、张义丰：《北京自然环境与都城变迁》，气象出版社，2002 年。

所围绕，其顶端大致在河南孟津附近。黄河在历史时期亦一直摆动在这一区域之内。但由于华北平原北部凹陷，黄河下游在历史时期的主要流向，还是在“黄河大三角洲”的北侧（包括豫北、冀南、冀中、鲁西北），并在渤海西岸入海。换言之，当时的黄河是沿着太行山东麓的平原即今冀中平原的西部，于天津附近入海的。

华北平原在《禹贡》里所划分的“九州”中属兖州之地。由于承受了黄河从黄土高原携带来的大量物质，这里的土壤具有结构疏松、颗粒均匀、透水性强的特点。而且，还保留有大量的腐殖质、矿物质。“厥土黑坟，厥草惟繇，厥术惟条”，这里不仅土地肥沃，而且草木繁盛、高大，并具有从暖温带湿润森林带向半湿润森林草原和温带半干旱草原地带过渡的景观特征。

然而，华北平原是冲积平原，地势低平，排水不畅，尤其是在黄河三角洲的北侧，由于受到海河流域所形成的冲积扇的阻隔，其间形成了大面积的湖泊洼淀。太行山前缘高邑、邢台附近的宁晋泊、大陆泽，保定以东的白洋淀、文安洼等即是因古黄河和海河的自然堤阻拦了太行山麓的地面水和地下水发育而成的。这些湖泊洼淀的存在严重地影响了当时南北的交往，人们不得不依靠地势较高的燕山南麓和太行山东麓。河北省平原区新石器文化遗址，大多分布在与太行山东麓和燕山南麓毗连的西部地区，亦正反映了这种情况。正因为如此，沿太行山东麓的南北交通线在古代华北交通史上具有极其重要的地位。它对北京城的起源和成长亦有着直接的、重大的影响。

总之，正是这个水甘土厚、水源丰沛的北京湾，成了北京城孕育、萌生、发展的“摇篮”。以后的事实也证明，北京城在它的发展过程中虽也有所迁徙，但都没有离开过永定河所形成的洪、冲积平原。

4. 永定河，哺育北京城的母亲河

永定河、潮白河、温榆河是构成北京城所在地——北京小平原沉积物的主要输送者。这些河流大多由西北流向东南，少数由北流向南，或由东北流向西南，并形成了一系列大小不等的冲积扇。这些冲积扇互相连接，形成了面积达数千平方公里的冲积平原，其中尤以永定河形成的冲积扇为大。

图 1－2　永定河切开了北京西山的重峦叠嶂，在三家店附近出山，蜿蜒于北京小平原之上
（朱祖希 摄）

永定河是华北地区仅次于黄河的第二条大河。其上源分为两支：南支以桑干河为主源，发源于山西省宁武县管涔山的北麓，东流至朱官屯附近，与源自内蒙古兴和县以北山麓的北支——洋河相汇合后，始称永定河。它在切穿冀北山地时形成了嵌入曲流，在地貌上称之为“官厅山峡”，出三家店进入平原，继而向东南流至天津附近汇入海河，注入渤海。其干流长 680 多公里，流域面积约 4.7 万平方公里。

冀北山地是一个由华北平原向蒙古高原过渡的、由山地和山间盆地组合而成的山区。它由数列北东、北东东走向的，地垒式的平行山岭所组成，山间夹有许多狭长的地堑或盆地。在这些构造盆地中，大同盆地及其往东延伸的阳原盆地、宣化盆地、怀来盆地都覆盖有厚达数百米的黄土或黄土状物质。冀北山地的气候属半湿润向干旱草原过渡类型，区内降水和气温的变化都很大。年降水量约 500 毫米，多雨年份可超过 800 毫米，但 60% ～70% 集中于夏季，7 月最多，8 月次之，而且雨量集中，强度也大。由于冀北山地地形陡峻，很容易产生地表径流，造成山区的片蚀、沟蚀，并将大量的黄土携至下游，形成巨大的冲积扇。由于受构造运动的强烈影响，也由于永定河本身所特有的水文特征，永定河在三家店附近出山后迁徙无定，并沉积下巨厚的沉积物，也储存了丰富的地下水源。

永定河在全新世期大体是由北向南迁徙的。镶嵌在北京洪积、冲积平原内的古河道有古清河故道、三海（北海、中海、南海）大河故道、㶟（lěi）水故道三条。据碳 14 数据测定、历史文献记载和沉积相分析，古清河故道是永定河全新世早期（距今 10000 ～ 7500 年）、中期（距今 7500 ～ 2500 年）的行水主道。三海大河故道和㶟水故道，则是中全新世后期、晚全新世早期永定河的行水主道。[①]

永定河洪、冲积扇大致以石景山附近为顶点，北始自今清河，南达小清河，前沿可达通州一带，面积近 2000 平方公里。在其冲积扇顶部和脊部，由于沉积层较厚，碎屑物的颗粒也较大，透水性好，其地下水埋藏得就较深；而在洪、冲积扇的边缘，由于受到不透水层的阻隔，又往往形成流泉。

水是生命的源泉，水资源是人类赖以生存、须臾不可或缺，又无可代替的资源。水流还给人类以舟楫之利。自“北京人”从山顶洞人定居到北京小平原上来，特别是在北京从一个原始的聚落逐渐成长为全国的政治中心——都城之后，其城址虽略有迁徙，但始终都不曾离开过北京小平原。更确切地说，北京城正是仰仗着永定河铸就的北京小平原及其源源不断供给的地表水和地下水，才得以成长、发育，以至成为全国的政治中心的。不仅如此，水还是中国古典园林的灵魂。北京历代园林、行宫、苑囿的废弃和兴建，也无不与永定河在迁徙过程中所留下的古河道有着密切的关系。

二、人文地理背景

1. 营建都邑，封建王朝的立国大计

人类曾在很长的时期内，没有也不需要国家和城市。在整个人类历史的长河中，城市出现在距今 5000 年左右。恩格斯在《家庭、私有制和国家的起源》一书中揭示了国家和城市产生的原因。他说：“国家是社会在一定发展

① 邹宝山、何凡能：《全新世以来京津地区自然水体的变迁》，载《环境变迁研究》第二、三合辑，北京燕山出版社，1989 年，第 32 页。

阶段上的产物。国家是表示：这个社会陷入了不可解决的自我矛盾，分裂为不可调和的对立面，而又无力摆脱这些对立面。”他又说：“在新的设防城市的周围屹立着高峻的城墙并非无故：它们的壕沟深陷为氏族制度的墓穴，而它们的城墙已经耸入文明时代了。当社会经济发展到一定阶段，而使社会分裂成为对立的阶级时，国家和城市才因这种分裂而成为必要。”

在我国，夏代是由原始公社向奴隶社会转变的过渡时期，也是我国古代城市开始产生的时期。近几十年考古发掘的成果说明，河南安阳是我国历史上有文字记载和实物证据的最早的国都。而中国古代都城的大量兴起主要还是在周以后的时代。这是因为周初是中国古代农业开始大发展的时代，同时社会制度也有了很大变化。这时，奴隶主阶级通过剥削农奴积累了大量的财富，阶级对立日益尖锐。因此，城郭沟池的防御保护作用也显得越来越重要了。所以，当时的统治者把营建都邑看作是立国的根本大计。所谓立国，便是在自己的封域内，选择适当的地点来营建足资防守的城池，而在立国之后，便要小心翼翼地保持其作为政权基础和统治中枢的地位。对于历代统治者来说，丧失城池等于丧失一切，故而他们从来都把保城作为保国的代名词。“倾城就是倾国，城破就是国破。”城池的存亡直接关系着国家的兴亡。

《释名》说：“都者，国君所居，人所都会也；邑，犹俋，聚会之称也。”据《水经注》记载，我国历代列国的首都有 180 余处。如果加上《水经注》之后的各代都城，总数在 200 座以上。可以说，若论都城数量之多，世界上没有任何一个国家可以与我国相比。我国都城的名称自有文字以来便有京、都、国、邑、京师、京辇、京城、京阙、国都、日下等称谓。此外，全国范围内的首都经历了一个由东向西，由西而东南，再由南而北的迁徙过程。

2. 中国封建帝都历史的演进轨迹

云南的元谋人、陕西的蓝田人、北京周口店猿人、山东沂源猿人等人类化石的发掘，表明我们中华民族的祖先，早在一百多万年至数十万年前，就已栖息于东亚大陆这一广袤的大地之上。而近几十年的考古发掘证明，黄河流域、长江流域、辽河流域，以及西南地区的崇山峻岭间，也都有长达四五千年的文明史，这些地区当然也都是中华民族的摇篮。

众所周知，文字的发明、城市的建设以及金属器具（青铜器或铁器）的制作，是人类文明的标志。在 19 世纪和 20 世纪之交，在河南安阳小屯村发现殷都宫殿的遗址和大量的青铜器，又发现并破译了殷墟甲骨文，从而证明黄河中游是殷商文化的中心地带。此后，又在河南偃师二里头发现宫殿遗址；作为新石器时代晚期代表的龙山文化，在山东章丘龙山镇、河南登封王城岗和淮阳平台等处均有发现；而龙山文化的前身大汶口文化，则在山东泰安大汶口、江苏怀安青连岗处被发现。大汶口出土的陶面上有多种刻画符号，其结构与甲骨文、青铜铭刻上的象形字十分相近；山东莒县陵阳河出土的陶尊上，单字达 10 种之多，结构亦与甲骨文、青铜铭刻上的象形字类似。此两者均被认为是甲骨文的前身。这些考古发掘资料证明，黄河中下游、山东半岛乃至淮河流域，都是夏文化的繁盛之地。而首次发现于 1935 年的辽宁赤峰红山的红山文化，近年又有大量新的考古发掘成果。如 1951 年在辽宁牛河梁发现了砌石墓葬和随葬玉器；1983 年复查时又发现了一座女神庙，庙内有泥塑人像和“猪龙”头，经碳 14 的测定，女神庙距今约 5000 年，足见燕山以北的西辽河流域的红山文化在十分古老的年代已经达到了相当高的发展水平。

不仅如此，新中国成立后，考古工作者曾多次在夏家店下层文化分布区，如内蒙古的赤峰翁牛特旗、辽宁喀喇沁左旗等地发现商代晚期的青铜器，如鼎、甑、簋等。从器形、装饰和制造技术上看，这些青铜器是从中原地区流传到这里的。这说明在距今三四千年以前，这一地区的居民就已经与殷王朝直接或间接地进行往来交流。

商人最早居住在山东半岛[①]，大约在公元前 14 世纪，长期流动不定的商人在商朝第十代君主盘庚的率领下，从奄（今山东曲阜）迁徙并定都于殷（今河南安阳西北小屯村），商人的居住中心转移到黄河中游。

安阳殷墟是目前所确认的中国最早的古都，而且是“中国历史上最早一个长期稳定的都城”[②]。殷王朝曾在这里统治了 273 年。“自五帝以来，都邑之自东方移于西方盖自周始。”[③] 西周在丰、镐，秦在咸阳，西汉、新莽、前赵、前秦、后秦、西魏、北周、隋、唐均在长安（即西安）立都。自周至唐，西安一带作为都城的时间前后达 1191 年。位于河南西部、黄河支流“洛水之阳”的洛阳，西周时的周公就曾在此营建洛邑以屏卫东方。从东周起，洛阳历经东汉、曹魏、西晋、北魏、后梁、后唐六朝，隋炀帝与唐代武则天

---

① 张学海：《从考古发现看山东在我国古史上的地位》，载《文史知识》1937 年第 10 期。

② 沙鹤：《殷商——废墟下的帝国》，载《文明》2006 年第三期。

③ 王国维：《观堂集林》卷一〇《殷周制度论》。

也曾从长安迁都于此。而地处黄河以南豫东平原上的开封，曾为战国时期的魏国都城，五代时期的后梁、后晋、后汉、后周以及北宋，又以此为京师。后期的金朝，为回避蒙古人强劲的南侵，亦曾从燕京迁都开封。

到了3～6世纪，位于长江下游，人称“江南佳丽地，金陵帝王州”的南京，曾是孙吴，东晋，南朝宋、齐、梁、陈及五代南唐的都城所在地。明代洪武、建文年间，乃至永乐的前、中期也曾立都于此。19世纪中叶的太平天国在此设都，号称天京。辛亥革命后，孙中山领导的中华民国又建都于南京。此外，五代吴越国和南宋曾依凭长江下游杭嘉湖平原的富饶，在“水光潋滟晴方好，山色空濛雨亦奇”的杭州立都。

位于黄河下游、华北平原北端的北京，曾是春秋时代的燕都蓟城、五胡十六国时期前燕的首都、辽朝的陪都南京、金朝的中都、元代的大都，以及明、清两代的京师所在地。

概而言之，中国古都的此消彼长，大体是沿着东西、南北两条轴线移动的。如果以宋代作为分界，那么在此以前，中国古代都城主要是在东西轴线上移动；此后，则主要是在南北轴线上移动。而从中华大地的整个地貌态势来看，它们都在黄河、长江中下游这块既平坦，又肥沃的土地上。

作为国家政治中心的首都，其城址的迁徙无疑与自然环境的变迁，经济、军事、文化重心的转移有着密切的关系。金、元、明、清四朝，尽管中国的经济、文化重心仍在江南，但是为了适应民族斗争形势，即政治、军事形势的需要，却均以北京为都。总之，自秦至清（公元前221—1911），全国统一和基本统一的有秦、汉、西晋、隋、唐、北宋、元、明、清九朝，共2100多年。而在唐以前的1128年中，国都在西安的有秦、西汉、隋、唐四朝，共564年；五代以后的1000年中，国都在北京的有元、明、清三朝，共580年。自西安向北京迁移，是我国两千多年都城变迁的主要轨迹。

3．优越的交通地理位置

作为城市，其兴起的地点可以是各种各样的。但是，作为营建都邑的城市，其对此却有着严格的规定。《吕氏春秋·君守》说：“古之王者，择天下之中而立国。”

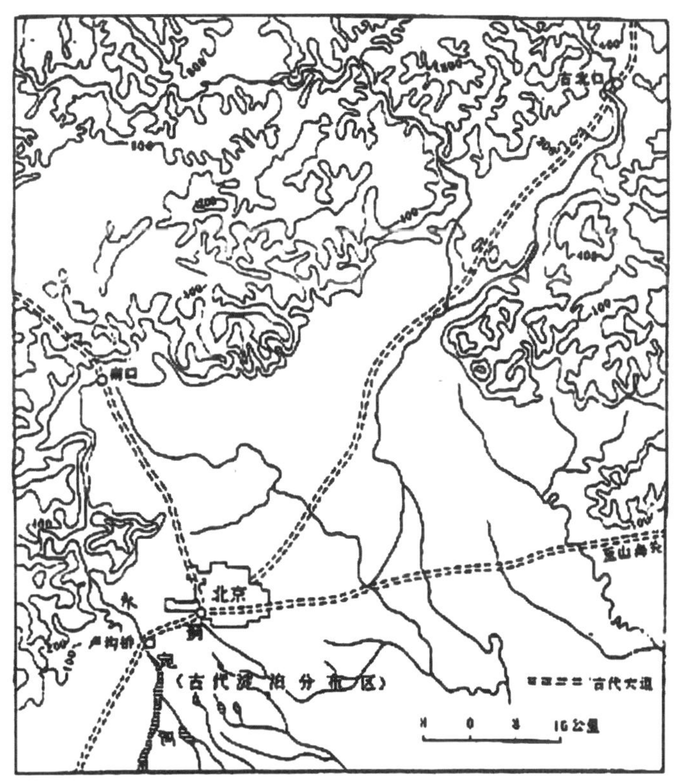

图 1－3 北京小平原古代大道示意图

《管子·乘马》说：“凡立国都，非于大山之下，必于广川之上。高毋近旱，而水用足，下毋近水，而沟防省。因天时，就地利。”也就是说，都邑的所在地，地点要适中，位置应重要，出产要丰富，水源要充沛等。

如前所说，一个城市城址的确定，是在一定的历史条件下，由特定的空间关系所决定的。这种空间关系既包括自然地理方面的，也包括人文地理方面的。而区域内和区际的交通关系，便是这种空间关系的具体表现。它与城市的起源和成长有直接的关系。

李孝聪先生认为：“历史上任何一个发展壮大起来的城市，其城址无不具有交通方面的合理性”“北京城市聚落的起源就是由于它处在与东北、西北、西南几条古代大道的交汇点上。在北京地区考古发现的新石器时期器物，不具有一种独立成长、比较发达，并向外传播的原始文化特点，而容易看到的却是周围文化向这里传入，并通过北京地区相互影响的特点，也可以说明早期人类交通对形成北京城市聚落所起的作用”。他认为“蓟辽走廊”有三条：

“1. 卢龙道：北京—北县—遵化—卢龙口（喜峰口）—平泉—凌源—大凌河—朝阳—辽河流域；2. 古北口道：北京—顺义—密云—古北口—滦平—承德—平泉—宁城（辽中京大定府）—潢水（西拉木伦河）—巴林左旗（辽上京临潢府）—松嫩平原；3. 傍海道：北京—潞河—通州—三河—蓟州—玉田—石城（唐山）—滦州—平州（卢龙）—营口州（昌黎）—迁州（抚宁）—山海关—锦州—沈阳。”①

就已有考古发掘的成果来看，在北京地区周围发现的新石器文化主要有：仰韶文化、龙山文化、红山文化和草原细石器文化。这些文化各具特征，且各自有其分布地域。仰韶文化和龙山文化主要分布在北京西南部沿太行山东麓一带。显然，这是强大的中原文化向北辐射的结果。红山文化主要分布在北京的东北方，即河北省北部和辽宁省西部，以及内蒙古东南部地区。而草原细石器文化主要分布在北京的北方和西北方，辽阔的草原地带是这类文化的主要分布区。

不同的新石器文化在北京周围的分布，是环绕在北京地区四周不同自然地理环境的反映。如果说位于不同的自然地理带之间，是北京自然地理位置的一个重要特点，那么处在不同的原始文化之间，则是北京人文地理的一个重要特点。不过与自然现象略有不同的是，人类不同文化之间是可以互相交流、融合的。例如，“红山文化的泥质红陶钵（红顶碗式）和平行的斜线组成的三角形纹彩绘，与仰韶文化后岗类型的钵和彩绘相似。这表明两者有着一定的联系，其年代也可能大体相近”。② “辽宁一带的弧线纹及弧线篦点可能与中原有渊源关系，结合红山文化的彩陶因素，更可说明这个问题。”③ 早在新石器时期，黑龙江流域的文化同黄河流域的文化已有了密切联系。其后，我国嫩江流域的齐齐哈尔昂昂溪、杜尔伯特旗官地、肇源望海屯、扶余长冈子等遗址都发现了陶鬲。鬲是我国自龙山文化至商周时期在中原地区广泛出现的一种颇具特色的器形。它们的分布所及，北至黑龙江流域，并远达尼布楚以西的广大地区。上述事例说明，东北与中原地区的文化之间的联系是紧密的，交流是频繁的。但是，由于古代华北平原有大面积的湖泽洼淀，阻碍了原始人在这一带的交往，南北之间的交流活动也只能通过燕山山脉的众多

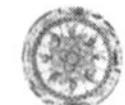

① 李孝聪：《中国区域历史地理》，北京大学出版社，2004 年，第 411 页。

② 中国社科院考古所内蒙古工作队：《赤峰蜘蛛山遗址的发掘》，载《考古学报》1979 年第 2 期，第 241 页。

③ 安志敏：《裴李岗、磁山和仰韶——试论中原新石器文化的渊源及发展》，载《考古》1979 年第 4 期，第 345 页。

山口至北京小平原，然后再沿太行山东麓南下。河北省平原区新石器文化遗址大多分布在与太行山东麓相毗连的西部地区，而山东境内高度发达的新石器文化——大汶口文化和山东龙山文化并没有像中原的新石器文化那样大量地、持续地传入北京地区，也正反映了这一情况。继新石器时代之后，在北京发现的夏家店下层文化遗址中，则含有浓厚的商文化因素。如 1977 年 8 月在平谷县刘家河发掘了一座夏家店下层文化的墓葬，除发现了夏家店下层文化所特有的金耳环和金臂钏外，还“出土了一组青铜礼器，计有小方鼎、兽面纹鼎、鬲、爵、卣和三羊罍各一件，盉与盘各两件，这些礼器都具有中原典型商文化青铜器的风格”。青铜文化是比石器文化更先进的文化，而此时北京地区所表现出的文化互相交融的面貌，便是自新石器时代以来就已存在的那种空间关系的再度反映。因此，北京地区自古以来就是北方民族同中原民族交流融合的枢纽和桥梁。这种桥梁作用的一个重要体现，便是北京城的诞生和成长。

4. 北京原始城址的确立

如前所述，城市并不是一个自给自足的生活聚落，自然也就不可能是孤立的、与外界隔绝的。因而城市一开始出现，便是外部联系起决定性作用的居民点。

在古代的华北平原上，虽然河流众多，但大多很浅，而且善徙善淤，不利于航行。更重要的是，当时最早开发的地区主要在西侧，即从南到北分布在太行山东麓一带，中原与东北、蒙古高原地区的交往主要靠的也是太行山东麓这条大道的陆路交通。华北平原上最早的一批城市，就是在这条大道上成长起来的。其最南端的城市是郑州的前身“隞”（一说“亳”），正处在古代黄河渡口的位置；最北端的城市就是北京城的前身“蓟”。

历史地理学家侯仁之先生曾对古代北京周围的大道做了如下推测：向南一路是太行山东麓大道；西北一路出南口直上蒙古高原；东北一路出古北口，穿越平缓的山地丘陵，通向松辽平原；此外还有正东一路，横穿小平原，沿燕山南麓直趋海滨，然后出今山海关直下辽河平原。[1] 而如果沿太行山东麓的大道北进，必须越过从太行山注入大平原的许多大小河流，其中最后也是

---

① 侯仁之、金涛：《北京史话》，上海人民出版社，1980 年，第 11 页。

最大的一条河流就是永定河。从永定河的古代渡口进入小平原之后，大路开始分歧。同样，如果从山后地区南下华北大平原与中原取得联系，无论走哪一条路，都必须先汇集在北京小平原，然后再经由古代永定河的渡口，合为一路，径直南下。这样，以卢沟桥为代表的古代渡口，就成了南来北往的必经之地。

古人类学家贾兰坡先生认为，永定河河谷也是古人类沟通华北平原和蒙古高原的重要通道。因此，卢沟桥渡口既是南北交通交会之地，也是最适宜一个城市诞生、成长的地方。但是，永定河是一条流量很不稳定的河流，在夏季经常洪水暴涨、泛滥无常，这就严重地威胁着一个城市的成长。因此，古代由南而北的大路在穿越永定河进入北京小平原之后，仍然继续前行，只有距离渡口最近而又最不容易遭受洪水威胁的一个原始的居民点上，才开始分道扬镳，朝着不同的方向前进。

关于蓟城城址确立的原因，侯先生认为："这个古代大路分歧之处的居民点，便成为当时沟通南北交通的枢纽。当社会经济的发展具备了一个城市诞生的条件时，处在这个枢纽位置的居民点，就十分自然地迅速地发展起来，终于凌驾于附近其他居民点之上，成为当时一个小奴隶制国家的统治中心。"①

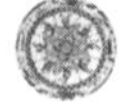

① 侯仁之、金涛：《北京史话》，上海人民出版社，1980年，第11页。

第二章

《周礼·考工记》及其对古代城市形态的影响

远在西周开国之初（公元前11世纪），我国的城市规划科学就已经初露端倪了。而经过漫长的封建社会，其已形成较为完整的规划科学体系。

据城市规划学者贺业钜先生的研究，在我国的周代曾经出现两次城市建设高潮：一次在西周开国之初；另一次在春秋战国之际。前一次高潮正值奴隶制的鼎盛时代，而后一次高潮却发生在封建制度兴起之时。就这两次高潮在我国城市建设中的意义而言，前者为建立我国城市规划体系奠定了基础，而后者则为这个体系的传承发展做了可贵的探索，从而启示了封建社会城市发展规划的发展方向。①

一、《周礼·考工记》及其营国制度

自周武王克殷反商、统一全国之后，为了巩固其庞大的奴隶制王国，统治者根据宗法血缘关系，大肆推行宗法分封，即运用宗法与政治相结合的办法，以强化大宗子周王的统治。与此相适应，周朝开始进行史无前例的大规模营建城邑的活动。东都洛邑的修筑，便可视为这一活动的代表。各受封的诸侯国，自然也相应地积极营建他们的诸侯国都和大小采邑。由此也就形成了周代开国以来的第一次城市建设高潮。

既然这一次的高潮是本着宗法分封的政治要求而掀起的，那么所建的城

① 贺业钜：《中国古代城市规划史论丛》，中国建筑工业出版社，1986年，第2-3页。

邑也必然是为这一政治目的服务的。这不仅决定了城邑的性质，也决定了城邑的建设理论，以及与其相适应的建设制度。春秋时期的楚人范无宇曾借人体的首领、肱股乃至手拇毛脉的关系，来比喻大小城邑的等级关系。以“体性”揭示“先王之制”的城邑建设理论的本质，其中既有宗法大、小宗子之分，又有统治关系的君臣之别，强调的是礼制的约束作用，并据此制定了一套严格的城邑建设制度，即“营国制度”。它以量的概念来表达城邑建设的礼制等级，如对城的规模、城垣、城高、道路等的等级都有明确的规定。它较为全面地反映在春秋晚年的齐国官书《周礼·考工记》中。

《周礼》原名《周官》，史称《周官经》。西汉末列为“经”，而源于“礼”，故有《周礼》之名。其间分《天官》《地官》《春官》《夏官》《秋官》《冬官》六篇。西汉时期献王得《周官》，缺《冬官》，补以《考工记》。

《考工记》虽然记录的是官营手工业制度，但其间有“营国制度”一节，所记述的是周王朝营都建邑的制度。所修订的城邑建设体制将城邑分为三级，即王城、诸侯城（诸侯封国之国都）和都（宗室、卿大夫的采邑），且着重介绍了王城宫城的规划制度，包括主要的形制规模，城的数量，交通道路网络，宫、朝、市、祖、社的布局，及前朝后寝制度等方面。

“匠人营国，方九里，旁三门。国中九经九纬，经涂九轨。左祖右社，面朝后市，市朝一夫。”这里的“国”，是指“城”。“营国”就是营建城邑。它包括建置城池、宫室、宗庙、社稷等。其要点如下：

（1）宫城是全程规划的核心，位于王城的中心。宫城南北中轴线，便是王城规划的中轴线。这条轴线南起王城正南门，经外朝，穿宫城，过市，直达王城正北门。门、朝、寝、市依次由南而北布列在这条主轴线上。

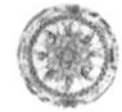

（2）宫城前面为外朝，后面为市。宗庙、社稷则依据主轴线对称设置在宫城前方的左右两侧。这便是宫、朝、市、祖、社五者的相对规划位置和它们之间的关系。

（3）全城的道路网和里，均环绕宫城这个核心，沿主轴线对称布置，突出宫的重要地位，并衬托着主轴线的主导作用。

（4）宫城内是按“前朝后寝”的原则规划的。应门是正朝（治朝）的朝门，路门是路寝（正寝）的门，也是朝寝分区的界线。路门外为朝，内为寝宫。九卿的九室在应门内、路门之外，九嫔的九室则在路门之内。[①]

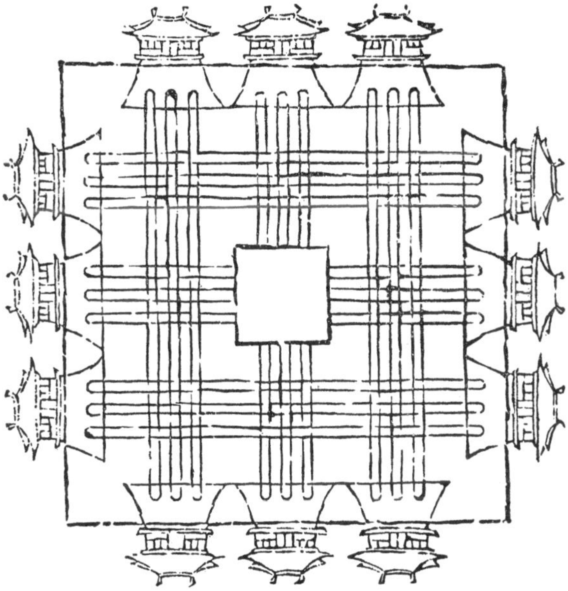

图 2－1 《三礼图》中的周王城图

周人的营国制度，还散见于其他先秦的文献中，《周书》《逸周记》《诗》《周语》《左诗》等文献中也有片段的记载。

综上所述，《周礼·考工记》中的营国制度是周人在总结前代经验的基础上，结合了大规模城邑建设的理论，从而制定的一套较为全面的营国制度。这套制度从城邑建设体制，直到城邑的规划方法都有所规定。这套制度的出现，说明了西周开国之初并不仅仅建置了一批大小城邑，更为我国建立了一个初具规模的城市规划体系，把我国古代城市规划提高到了一个新的发展水平。

二、 营国制度中王城的形制、规模、结构

如前所述，营国制度对王城的形制、规模、基本规划结构，乃至道路网等都做了规划。

该制度规定了王城的规模为“方九里”，即王城的东西、南北均各为九

① 贺业钜：《考工记营国制度研究》，中国建筑工业出版社，1985 年，第 24，28－30 页。

里（周制）。首先，就“礼制”而论，“九”是阳数之极，即是最大数，意在以量的极数来表示对王者的尊重。其次，“方九里”也源于“井田制”的“井”，即“九分其国”，除宫室在城中占一分外，四周八乡辖地各占一分。城的形制既为方整的井田式格局，则城的每边当各长九里，其规模自然为“方九里”。其面积为 81 井，或 81 平方里。

王城规划的基本结构如下：

（1）“左祖右社，面朝后市”是王城规划结构的主要制度。它既确定了以王宫为中心的中心区，又奠定了全盘规划结构的基础，充分体现了王权尊严的主题思想——本着“择国之中而立宫”的要求，将宫布置在全城的中心位置上。围绕这个中心，对称安排前朝后市，左祖右社。

以宫的南北中轴线作为全城规划的主轴线，将象征政权的三朝，依次布列在这条中轴线上，从而强化了其主导作用。通过主轴线的控制，把祖、社等统一起来，构成一个以宫城为中心的中心区——宫廷区，将其作为全城规划结构的主体。

城的其他各个组成部分，则按照各自的功能和规划制度的要求，分别布设在主体的周围，聚集而成有机的整体。

（2）王城的分区明确，布局严谨。在城的规划主轴线的中心位置上布设宫廷区，此区之北为市场区（“前朝后市”）。王室、卿、大夫府第所在的“国宅区”在宫的周围；一般居民闾里分别处于城的四隅；手工业作坊区置于城的内廓；工商业者则居住在市的附近。这样的分布格局完全是建立在礼制的基础上的，即将城的其他各个组成部分按尊卑秩序依次部署在宫廷的周围，充分体现出“王城”就是以王为中心的政治城堡。

（3）王城采用经纬涂制，以“九经九纬”组成的三条大道为主干，配以与之相平行的南北和东西向次干道和顺城的环涂。环绕王城的中心区，呈现对称布局，中经、中纬是王城的纵横轴线，宫廷即位于两条轴线的交合地。主干道直对城门，与城外野涂相衔接，沟通畿内其他的道路网，形成一个以王城道路网为核心的、布遍千里王畿的庞大道路系统，把畿内的各个部分，聚集在王城周围，形成一个有机的整体。

三、王城规划匠意源于“井田制”

众所周知，“井田制”是奴隶社会土地所有制的特殊形式。当时的土地、人民归王室所有。“普天之下，莫非王土；率土之滨，莫非王臣”，就是这种井田制赖以建立的基础。

周制一农夫授田一百亩，占地方百步，即周金文之“一田”。这是周代授田的定额，也是井田制的单位，称为“夫”。无论是十进制的井田，抑或是“九夫百井”的田制，都是以“夫”为单位，按照一定的进位所组成的。田间有沟洫、道路，以便进行灌溉，也利于交通。随着田制的进位，沟洫分为五级，道路也相应分为五等。这些纵横交错的道路，便是田间的阡陌。所分配的田地，四周设置经界，即在界上开沟起土，堆成小垣，构成“沟封”。

“营国制度”的王城规划意匠，正是由这种井田制的观念移植而来的。《匠人》规定“市朝一夫”，就已经清楚地表明以井田单位“夫”作为城的规划用地单位，而且按照井田组合来组织王城规划用地。例如，经纬涂所划分的营建用地，基本上达到方一里或者它的倍数。“方一里，九夫之田”正是一“井”。田间阡陌转化为经纬涂制，土田的附墉便发展成为王城的城垣了。

所有这些，都表明王城形制并不是一个抽象的集合图形，它是奴隶制社会的土地所有制——井田制这个经济基础在城市规划领域的反映：九块面积相等的土地，按井田方式，一分居中为宫，其余八方均布在其周围，构成一个“九夫为井”的井田制格局。这就是前面所说的“九分其国”的含义。[①]

四、“营国制度”对后世城市规划的影响

周族原来生活在陕西、甘肃一带。周武王伐纣之后，为了控制中原的商族，除首都镐（今陕西的西安市西南）外，还建立了东都洛邑（今河南洛阳），并分封王族和贵族到各地建立诸侯国，以统治全国。周的疆域西至甘肃，东北至辽宁，东至山东，南至长江以南，超过了商朝。

《史记·周本纪》中记载，武王对周公说：“自洛汭延于伊汭，居易毋固……营雒邑而后去。”可见其位置在今洛阳城西涧河的东岸。遗址为一不十分规则的正方形，面积2890米×3320米。如将米折合成周代的尺度，与“方九里”大体相近。中心部分的建筑遗址位居城的中央，略偏南，与“王城居中”的记载相符。周代有关城市规划布局的记载，虽并未被考古发掘所

① 贺业钜：《中国古代城市规划史论丛》，中国建筑工业出版社，1986年，第6－12页。

完全证实，但对后代都城的建设有很大的影响，如旁三门、宫城居中、左祖右社等。这在元大都城和明清北京城的规划建设中表现得尤为明显。①

北魏孝文帝元宏时，为了更便于统治全国，决定迁都洛阳。孝文帝太和十九年（495）新城建成。洛都规划继承了营国制度中宫、城、郭三城环套的系统形制，而且按照“择中论”的传统，置宫于城的中部，采用层层藩卫、循序集中的形式，愈加显示“王者居天下之中”的赫赫声威。与此同时，规划发展了营国制度强调中轴线主导作用的传统。除按传统方式以宫城南北中轴线作为全部规划结构的主轴外，更将其延伸到洛南园丘，即强化了这条中轴线对全局的控制作用，也表明了居中轴线之中的宫城在全盘规划结构中举足轻重的分量。洛阳规划就是这样运用传统、发展传统，从而成功地建立了以宫城为中心的总体规划结构。② 同样，洛都也采用了传统的经纬涂制道路网。其中从宫城正南的阊阖直达城正南门——宣阳门的铜驼街，是全城的南北干道，也是整个街道网的主轴线。《洛阳伽蓝记·序》云：“一门有三道，谓之九轨”“廓门开三道，时人号三门”“一道三涂”。中涂为御道，左右二涂为一般的行人道。

隋唐长安城的总体规划布局，虽然与北魏洛阳不同，但却有许多共性，即继承了我国古代都城规划的传统手法——采用中轴对称布局。宫城虽然偏居城北，却位于南北中轴线上，不失择中为宫的传统风格。宫之中轴线即为城的规划结构主轴线，由北而南直达大城的正南门。宫左建宗庙，右立社稷，官署则分居在主轴线两侧，构成以宫为主体的城市中心区。市为集中市制，采取市坊严格区分的规划体制。坊采用封闭的形式，坊内概不设店肆。城市采取经纬涂制的道路网，即沿用井田制方格网系统的规划方法。总之，长安城亦为宫城、皇城、大城三重环套的配置形制，城市外形轮廓规整。

隋唐洛阳城与隋唐长安城的规划，几乎如出一辙。它们的规划形制甚至还影响了日本的平城京和平安京，还有唐渤海上京龙泉府等。

北宋东京（开封）是我国古代重要的都城之一。据史载，春秋的郑庄公命郑邴在此筑城，因有开拓封疆之意，故取名“开封”。为当时屯粮储粟之地。

据文献记载，东京有三重城，每重城墙之外有护城壕环绕。南面有门三

① 同济大学城市规划研究室：《中国城市建筑史》，中国建筑工业出版社，1982年，第8-9页。
② 贺业钜：《中国古代城市规划史论丛》，中国建筑工业出版社，1986年，第116页。

座，另有水门两座，东、北各四门，西面五门，每座城门都有瓮城，上建城楼和敌楼。内城的主要建筑除宫殿外，主要是衙署、寺观、王宫宅地，以及住宅、商店、作坊等；宫城位于内城中央稍偏西，各面设城门一座，城内四周建有角楼。在宫城南北轴线上排列着外朝的主要宫殿（大庆殿，主要是皇帝举行大朝的地方；紫宸殿是常朝的所在）。在这条轴线的西面，则有与之平行的文德、成功两组殿堂，作为日朝和饮宴之用。外朝诸殿以北是皇帝的寝宫和内苑。组群布局既规整，又具有灵活、华丽和精巧的特点。

北宋中期以后，东京已取消了用围墙包绕里坊和市场的做法。

北宋开封城的三套城墙、三套护城河，宫城居中、井字形道路系统等布局，对以后都城规划影响很大。如对金中都、元大都、明北京城的规划布局、城市形态等都有很明显的影响。

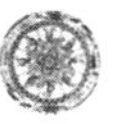

第三章

蓟城的产生和它的形态、功能

“城市”作为一个现代名词，是指人口密集、工商业发达的地方。从语源上说是由“城”和“市”两部分组成的。“城”在古代是指在一定地域上用以防卫而筑起的城墙；“市”是交易的场所。从中外城市的起源来看，“城”和“市”只有当社会发展到一定的历史阶段，有了剩余的产品，并拿到市场上去交易，才逐步结合起来形成“城市”。

历史发展的规律告诉我们，城市的出现正是奴隶社会发展的标志。在我国，从氏族公社逐渐解体到奴隶制度形成，一般认为是在夏、商（殷）时代。而蓟城便是北京小平原上，在原始聚落的基础上最早成长起来的奴隶制国家的中心。

一、北京原始聚落的产生

可以这样说，举世闻名的“北京人”是最早生活在北京地区的原始人类。继“北京人”之后的是“新洞人”，其遗址亦在周口店龙骨山，距“北京人”居住的洞穴约 70 米。以后又在龙骨山顶部的洞穴发现了“山顶洞人”。但是在这数十万年的时间里，北京地区的古人类都还是居住在自然形成的山洞里。1996 年底，考古工作者在王府井地区发现了一处旧石器时代晚期的文化遗存，有石制品、骨制品、用火遗迹和伴出的哺乳动物化石等。据碳 14 测定，此遗址距今 2.4 万年 ～ 2.2 万年，相当于更新世晚期，是以石片、石器为主的文化。据推测此处是当时古人类因某种原因迁徙的中途歇息之地。

“东胡林人”遗址发现于门头沟区东胡林的西侧、清水河右岸的二级阶地上。这里河谷较为宽阔，地势平坦。这说明北京地区的古人类，已经开始离开山洞，移居到平原上来生活。东胡林人遗址属新石器时代的早期，距今约 1 万年。在北京地区发现的属于这一时期的人类遗迹，还有平谷区的上宅和北埝头遗址、房山区镇江营区遗址、昌平区雪山村遗址等。

上宅遗址位于平谷县城东北 19 公里的上宅村北的台地上。遗址北靠燕山，南邻洵河，自然条件比较优越。北埝头遗址，位于平谷县城西北 7.5 公里的燕山南麓、泃错河南岸的冲积平原上。在这里所发现的 10 座新石器时代的遗址多为圆形或椭圆形半地穴式，其直径一般在 4 米左右。出土的器物主要是陶器和石器。陶器的种类较少，构造也比较简单，均为手制。石器有石斧、石凿、石磨盘、石磨棒和盘状器、细石器等。从这些遗迹和器物可以推断，在距今六七千年以前，北京地区的先人们，不仅已经从事农业生产，而且已经过着定居生活了。

雪山村遗址位于北京昌平西部的雪山村。这里北靠军都山，南濒关沟河谷，依山傍水。由关沟等在山前所形成的洪、冲积扇，土地肥沃，既适于种植，也宜于放牧。从文化遗存来看，雪山人已掌握了制陶技术。陶器以红陶为主，如红陶罐、彩陶片等。这种文化相当于中原地区的仰韶文化，距今 6 千多年，而且与仰韶文化、东北地区的红山文化有相似之处。这表明南北两大区域的文化，都已对北京地区产生了影响。类似雪山文化的遗址，还有昌平县林场、马坊、燕丹、曹碾和密云县的燕落寨等地。

除雪山村类型的遗址外，北京地区还发现了一些属于新石器时代的其他文化遗物，且主要是磨制石器。其出土地点有海淀区的白家疃、清河镇、田村，顺义县的大北坞、魏家店，怀柔区的汤河口、喇叭沟门，密云县的坑子地、董各庄、老爷庙，平谷县的前吉山，门头沟区的卧龙岗等地。

上述情况表明，在远古时期，北京地区不仅有人类活动，而且随着社会生产力的发展和人口的繁衍，已经逐步形成原始的聚落。它们星罗棋布，分布很广。考古发掘出的黑灰陶罐、折腹盆、三足夌等黑陶器物，乃至石斧、石镰、石纺轮和房基等业已证明，在新石器时代的晚期，即四千多年以前，北京地区的居民，已经学会了种植庄稼、饲养家畜、缝制衣服和建造房屋，他们已经从原始状态跨入了文明时代的门槛。

二、 北京城邑出现的社会经济基础

远在六七千年以前，在中华大地上就已经出现了最原始的“城”。现存的西安东郊浐河东岸半坡村遗址，是一个母系氏族公社村落的遗址，面积约5万平方米，粗略分布有居住区、制陶区和墓葬区。在居住区的中心部分，有一座规模相当大、平面约为12.5米×14米、近于方形的房屋，可能是氏族的公共活动——氏族会议、节日庆祝、宗教活动等的场所。居住区的周围有一条深、宽各5～6米的壕沟。[①]

在山东济南附近龙山镇的城子崖遗址中也发现有一段土墙；内蒙古赤峰东八家石城遗址四周也有用天然石块堆砌的墙壁，断面呈阶梯形；在辽宁西部、黑龙江、吉林等地的遗址周围均有围墙。这些壕沟、夯土墙、石墙均可能是为防御而设置的。这时的聚落，并没有分化成城市和乡村两种不同性质的居民点。但是，这些“墙”和“壕沟”应该是最早出现的“城”和“护城河”。

随着生产力的发展，产生了剩余产品，出现了私有制，原始社会的生产关系也因此而逐渐解体，并出现了阶级分化，即原始社会逐渐向奴隶社会过渡。我国夏代正处于这一过渡时期，这正如《礼记·礼运》所描述的那样：“今大道既隐（原始公社解体），天下为家（变为私有制），各亲其亲，各子其子，货力为己（财产私有），大人世及以为礼，城郭沟池以为固（保护财产）……”这里明确说，此时的城郭沟池是为了保护私有财产及其占有者而特意设置的。“夏鲧作城”虽是一个传说，但揆度当时社会经济的发展状况，这个传说却是与事实相符的。

随着农业生产力的提高，农产品有了更多的剩余，即除了满足从事种植业本身的消费外，还有相当一部分农产品可以用来交换。当然起初这种交易是不固定的，也无专门从事交换职业的商人。“日中为市致天下之民，聚天下之货物，交易而退，各得其所”[②]，就说明了这种情况。只是到了后来，交易范围越来越大，需要有固定的交换场所，“市”才逐渐地在“城”中取得了一定的地位，真正的“城市”才开始出现。

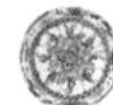

夏商时期是中国奴隶社会的开端，北京地区进入奴隶社会大约也在这个时期。当夏商王朝在中原进行统治的时候，在今北京地区和河北省北部，北方各族的人在这里聚居，并出现了许多奴隶制小国。燕和蓟便是早在商代就存在于北京地区的两个自然生长起来的小国。

① 刘敦桢：《中国古代建筑史》，中国建筑工业出版社，1980年，第24页。
② 《周易·系辞》。

三、蓟城——北京最早的城邑

公元前1046年，即周文王死后第四年春，武王在牧野（河南汲县）率兵车300乘、虎贲（勇士）3000人，并联合庸、蜀、羌、髳、微、卢、彭、濮等国，誓师伐纣，攻入纣都朝歌（河南淇县），灭商，并建立西周王朝，定都于镐（今西安市西南部）。

周武王在灭商以后，其疆域城邑已南达汉江、长江，西至今甘肃，东北至今辽宁、山东、江苏。但在燕山南北还有不少部族，并未立即归附于武王麾下。为了控制北方地区，武王便利用原来的燕、蓟两国，在幽燕地区建立起自己的据点。《礼记·乐记》云："周武王克殷，反商，未及下车，而封黄帝之后于蓟。"

图3－1　与蓟城的产生有着密切关系的古西湖（今莲花池）（朱祖希 摄）

《史记·燕召公世家》又云："周武王之灭纣，封召公于北燕。"《史记·周本纪》还说："武王追思先圣王，乃褒封……帝尧之后于蓟……封召公于燕。"

关于周初被封于蓟的黄帝的后人，目前尚无可稽考，仅知其建都于蓟城。周初蓟城的位置虽多有歧义，但据郦道元《水经注》和考古发掘，其遗址应在今广安门一带，且“蓟、燕二国，俱武王立，因燕山、蓟丘为名，其地足自立国，蓟微燕盛，乃并蓟国居之，蓟名遂绝焉”。“其城自为燕都以来，至于北魏，一直相沿不改。”[①]

《水经注·㶟水》载：“（㶟水）过广阳蓟县北。”郦道元注云：“㶟水又东北经蓟县故城南。《魏土地记》曰：蓟城南七里有清泉河。而不迳其北，盖经误证矣。昔周武王封尧后于蓟。今城内西北隅有蓟丘，因丘以名邑也，犹鲁之曲阜、齐之营丘矣。武王封召公之故国也。秦始皇二十一年（公元前226）灭燕，以为广阳郡。汉高帝封卢绾为燕王，更名燕国。王莽改曰广有，县曰伐戎。城有万载宫光明殿。东掖门下，旧慕容儁立铜马像处。……㶟水又东与洗马沟水合。水上承蓟城西之大潮。湖有二源，水俱出县西北平地道泉，流结西湖。湖东西二里，南北三里，盖燕之旧池也。绿水澄澹，川亭望远，亦为游瞩之胜所也。湖水东流为洗马沟，侧城南门东注，昔铫期奋戟处也。其水又东入㶟水。㶟水又东经燕王陵南。陵有伏道，西北出蓟城中。景明中，造浮图建刹，穷泉，掘得此道。王府所禁，莫有寻者。通城西北大陵而是二基址盘固，犹自高壮，竟不知何王陵㶟水又东南，高梁之水注焉。水出蓟城西北平地，泉流东注，经燕王陵北，又东经蓟城北，又东南流，《魏土地记》曰蓟东一十里有高梁之水者也。其水又东南入㶟水。”

如前所述，“三海大河”（即今流经北海、中海、南海的故道）和㶟水故道，曾是永定河在全新世行水的主道。当时的永定河自石景山、衙门口一带东流，至八宝山北折至田村，又东流经紫竹院、德胜门、积水潭，再东南折向什刹海、北海、中南海、石碑胡同、高碑胡同、正阳门、鲜鱼口、长巷三条、芦草园、红桥，经龙潭湖西部，在贾家花园流出城外，流向马驹桥。自东汉以后，㶟河改道，经由今衙门口，东南流向小井，至马家堡南下，[②] 即《魏土地记》所称之“清泉河”，而旧河道又为高梁之水所流经。古蓟丘大致在今白云观以西。

洪茂沟（今钓鱼台东）出土的辽济阴董府君夫人王氏墓志铭“咸雍五年（1069）八月三日归葬于蓟丘之外，高梁之阴，平岗后隐，广陌西临”可说

① 曲杰英：《先秦都城复原研究》，黑龙江人民出版社，1991 年，第 293 页。
② 苏天钧：《试论北京古代都邑的形成和发展》，载《中国古都研究》第三辑，浙江人民出版社，1987 年。

明：蓟城环于蓟丘之外，汉时㶟水正经其城北，可知《水经注》所记不误。而郦道元所引《魏土地记》称“清泉河”者，系东汉以后改道之㶟水，其经蓟城之南。古蓟丘以西与今八宝山、老山，乃至西山相连。古时由蓟城北上、南下、东行之路非经绕此丘而过不可。今白云路、三里河东路、展览路至西直门火车站一线（即原京张铁路环城段）很可能即为古时经蓟丘、过㶟水、趋南口、西进蒙古高原之路。而今广安门内、外大街，则分别是经蓟丘、过㶟水、沿燕山南麓东行至渤海之滨，或入古北口至东北平原之路，经蓟丘、沿太行山东麓南下华北平原之路。古㶟水绕蓟丘流过，又可作为此地通向东南的水行之路。这种交汇四方通道的地理环境，对于促进其地早期聚落的形成和保持蓟城城址的长期稳定，无疑具有重要的意义。

唐时幽州有天长观，后废；金又于其西重建，名太极宫，金末被毁；元于其地建长春宫。该宫乃元代统治者为优礼邱处机而在其地修建的，费时20载，规模宏大，元时大都人往往登长春宫远望。迄明代宫废，其地高台仍存。登之可东望京地全貌，南望大平原，北望雄关壮峙，西望西山连绵起伏，此地位于今白云观之西，疑即古蓟丘的所在。考古学家苏天钧说：“白云观以西，以前有很大的土丘。但土丘已被破坏，附近地面上散落有很多战国时期的陶片。白云观以西的高地一向被人认为是蓟丘。蓟丘东南之地，则被认为是蓟城。”[①] 另据史书记载，唐幽州城内西北隅还有蓟丘楼。而且幽州城的官员还常来蓟丘楼邀宴赋诗，故后来又改名为“宴设楼”。

20世纪50年代，在今广安门外桥南约700米处，曾发现有战国和战国以前的遗址，出土有饕餮纹半瓦当等，乃燕宫城所用的瓦屋构件。其中，出土器物年代最早者近于西周。[②] 由此可知，周初所封蓟国都城当营筑于此，尔后，再以此为基础进行扩建，并相沿至北魏。[③]

《读史方舆纪要》卷十一“宛平县蓟城下”，曾引《元和志》：“蓟城，南北九里，东西七里，开十门。”曲英杰认为，此条“亦当本于袁山松之《郡国志》，其所记当为汉晋之制，而不为唐制。如此，则可以就见于记载的两汉魏晋时蓟城之制，推知燕蓟城之方位”。[④]

20世纪60年代中期，曾于今八宝山革命公墓西1公里处，发现有西晋时

① 北京市文物工作队（苏天钧执笔）：《北京西郊的白云观遗址》，载《考古》1963年第3期。
② 赵正云：《北京广安门外发现战国和战国前的遗址》，载《文物参考资料》1957年第7期。
③④ 曲英杰：《先秦都城复原研究》，黑龙江人民出版社，1991年，第292－296页。

幽州刺史王浚妻华芳之墓。其墓志铭中云："假葬于燕国前城西廿里。"[①] 依墓中所出晋 1 尺合今 24.2 厘米推算，墓志铭中所记之"廿里"合今 8712 米。由此可知，此墓以东 20 里即今会城门附近，当为蓟城西垣。而莲花池在会城之西，亦正与郦道元所记相合。1974 年春为配合基建工程，在白云观西发现有古城墙，墙基下面压有东汉晚期的墓葬。[②] 此段城墙很可能是唐蓟城之西垣。[③]

据《魏土地记》载，蓟城南七里有清泉河。以晋 1 里即 1800 尺，合今 435.6 米计，七里合今 3049.2 米。自清泉河所流经的马家堡向北测得此数，恰当北京外城南垣的内侧一线，此即当为蓟城的南垣所在。蓟城之东垣又据《郡国志》所记蓟城"东西七里"可以推知。晋 7 里合今 3049.2 米，即自会城门、北蜂窝一线向东测得此数，恰当今牛街和右安门内大街一线。而由此一线再向东 10 里（魏时 10 里，以晋尺计合今 4536 米）即今金鱼池、红桥一带，为魏时高梁水所流经之㶟水故道，此亦正与《魏土地记》所记"蓟东一十里有高梁之水"相合。蓟城之北垣则仍可依《郡国志》所记"南北九里"推知。晋 9 里合今 3920.4 米，而自明清北京城外城的内侧向北测得此数，恰为今白云观北、头发胡同一线。此与辽南京城和金中都之北垣基本重合。此一线在蓟丘之北，与《水经注》所记"城内西北隅有蓟丘"亦相符。燕人在扩建蓟城时已将蓟丘包围在内。唐代诗人陈子昂在《蓟丘览古·轩辕台》一诗中写道："北登蓟丘望，求古轩辕台。应龙已不见，牧马生黄埃。尚想广成子，遗迹白云隈。"此诗说明蓟丘至唐代仍然存在。

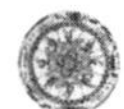

综上所述，燕都蓟城西起今会城门、北蜂窝一线，东至牛街、右安门内大街一线，东西长约 3000 米；北起头发胡同一线，南至明清北京城外城南垣内侧一线，南北长约 4000 米。[④]

自新中国成立以来，在北京城西南部，不断发现古代瓦井，其地有陶然亭、姚家井、广安门内大街北线阁、白云观、宣武门南顺城街、和平门外海王村等处。

瓦井分布最密集的则是在宣武门一带，而且在已经发现的瓦井中，有的还带有文字，这些文字中有典型的燕国陶文。考古学家鉴定，这些瓦井的年

---

① 北京市文物工作队：《北京西郊西晋王浚妻华芳墓清理简报》，载《文物》1965 年第 12 期。
② 北京市文物研究所：《北京考古工作四十年》，北京燕山出版社，1990 年，第 118－119 页。
③④ 曲英杰：《先秦都城复原研究》，黑龙江人民出版社，1991 年，第 292－296 页。

代，大致从东周开始，一直延续到西汉以后。

水是人们日常生活须臾不可缺少的，古代人“凿井而饮”，或用于灌溉。因此，有城邑必有井。上述井群的分布足以说明这一带的居民是很稠密的。“人住邑中必须饮水，因此邑中必有井。”另外，在白纸坊以北发现有东汉墓葬。[①] 这些都可以作为这一带原为蓟城所在地的佐证。

蓟城城门的设置当如《郡国志》所记“开十门”。据《晋书》记载，主朝政的成都王司马颖密使幽州刺史和演杀王浚并其众，“演与乌丸单于审登谋之，于是与浚期游蓟城南清泉水上。蓟城内西行有二道，演、浚各从一道。演与浚欲合卤薄，因而图之。值天暴雨，兵器沾湿，不果而还”“诸避乱游士多归于浚。浚日以强盛，乃设坛告类。建立皇太子，备设百官。……使其子居于王宫”。[②]

又据《晋书·石勒传》记载：“（勒）于是轻骑袭幽州……晨至蓟，叱门者开门，疑有伏兵，先驱牛羊数千头，声言上礼，实欲填诸街巷，使兵不得发。……勒升其厅事，命甲士执浚……使其将王洛生驿送襄国市斩之。于是分遣流人各还桑梓……迁乌丸审广、渐震、郝袭、勒市等于襄国。焚烧浚宫。”[③]

由上述引文可知，晋时蓟城的概略情况如下：其间建有王宫，有南北和东西大道。[④] 文中“蓟城内西行有二道，演、浚各从一道”，即今广安门内、外大街和其南的白纸坊街一线，此乃蓟城内贯通东西的两条大道。那么，其与东垣、西垣相接处当分别设有城门。此外，在上述二大道之间即枣林前街一南横街一线应为另一条东西大道，其与东垣、西垣相接处亦当设有城门。如此，则蓟城东、西垣各开三门。蓟城内贯通南北之路，当为今白云路及其南北延伸线和西便门大街及南线阁街一线，其与南垣、北垣相接处亦当分别设有城门，即蓟城南、北垣各开有二门，连同东西垣所设城门，正合“开十门”之数。[⑤] 蓟城内之宫城则在广安门以南。1957 年，北京的文物考古工作者在广安门外桥南 700 米处，曾发现有战国和战国以前的文化遗址。其古文化层厚达 1 米以上，并有大量饕餮纹半瓦当等战国宫室构件出土。出土器物

① 苏天钧：《十年来北京市所发现的重要古代墓葬和遗址》，载《考古》1965 年第 3 期。
② 《晋书·王沈传》《晋书·王浚传》。
③ 《晋书·石勒传》。
④ 北京市文物研究所：《北京考古工作四十年》，北京燕山出版社，1990 年，第 118－119 页。
⑤ 曲英杰：《先秦都城复原研究》，黑龙江人民出版社，1991 年，第 292－296 页

年代最早者接近于西周时代。由此可知，不仅周初所封蓟国都城当营筑于此，战国时期，燕人迁蓟当亦先居于此，尔后以此为基础进行扩建[①]，并一直沿袭至辽金时期。南线阁街北口，清末称“燕角儿”，很有可能即为辽南京城东北角燕角楼之所在，并由此而判定蓟城宫城之东垣在南线阁街以西，北垣在广安门内、外大街之南，而宫城之西垣则在今手帕口南街一线以东，南垣在今白纸坊西街以北。其形制当亦如外城为东西扁长的方形，规模在方千米左右。[②] 宫城之北为燕市，这不仅是因为此种布局符合“面朝后市”之制，而且今广安门内、外大街和白云路交汇处，亦正是蓟城“南通齐赵，东北边胡”之路的交汇点。

燕王喜二十九年（公元前226），秦攻拔蓟城，燕王喜徙居辽东。该地在战国晚期燕将秦开破东胡后设郡[③]，治所在襄平（今辽阳市）。四年后，秦又拔辽东并房燕王喜，燕亡。但是，据史料记载，在漫长的历史过程中，蓟城的城郭、宫殿曾屡遭焚毁破坏。例如公元前215年，秦始皇为防止六国旧贵族据城作乱，曾下令“坏城郭，决通堤防”。当时秦始皇正东临碣石，近在身边的燕都蓟城城郭当在所难免。此外，十六国时期（314），羯族首领石勒攻陷蓟城，杀西晋幽州刺史王浚，“焚烧城邑，害万余人”，城中宫殿，付之一炬。时隔70余年，后秦幽州刺史王永屡为后燕将军平规所败，临逃跑前“遣昌黎太守宋敞焚烧和龙（今辽宁朝阳）、蓟城（今北京）宫室”，蓟城又一次遭到毁坏。

四、 关于琉璃河董家林的燕都遗址

西周初燕国的始封地，经过考古证明，现已确定为房山区琉璃河董家林遗址。这个遗址占地广阔，规模宏大，内涵十分丰富。范围包括琉璃河乡北部的洄城、刘李店、董家林、黄土坡、立教、庄头，东西长约3.5公里，南北宽约1.5公里，整个遗址面积约5.25平方公里。[④]

① 赵正之：《北京广安门外发现战国和战国前的遗址》，载《文物参考资料》1957年第7期。
② 曲英杰：《先秦都城复原研究》，黑龙江人民出版社，1991年，第292－296页。
③ 《史记·匈奴列传》。
④ 郭仁、田敬东：《琉璃河商国遗址为商初燕都说》，载《北京史论文集》，1980年，第61－75页。

图 3－2　玻璃河董家林“西周燕都遗址博物馆”（朱祖希 摄）

这里曾有较为完整的城墙。在考古发掘中，根据地下墙基遗存，测出北城墙长约 829 米，东、西城墙的北半段长约 300 米。南城墙由于被破坏，确切位置不详。东、西两面城墙的南半段，因地面上已无存，长度不明。在东、西、北三面城墙外，发现有深 2 米多的护城壕沟。因此，据已知城墙长度和东北角、西北角的位置，可推测古城平面大体呈长方形。城墙有主墙、内附墙和城外平台。主墙宽 26 米，内附墙在主墙内侧，紧贴主墙面；城外平台在主墙外侧，低于主墙，呈平面状。城墙均是夯土版筑而成，其土质紧密、纯净而坚硬。城墙外的护沟口略宽于沟底，在沟底有一层厚约 10 厘米的淤土。在城外东南方不远处的黄土坡村，发现并发掘了大规模的商代和西周两个时期的墓葬。①

在古城址内发掘了大量居住地的生活遗迹，如房屋、窑穴、陶窑，以及陶器、骨器、蚌器、石器等，而在墓葬区则发掘出了大量的铜制兵器和礼器。如琉璃河第 1100 号车马坑，埋葬有 14 匹马、5 辆车，作为墓主的陪葬品。第 53 号墓前葬的车马坑里，有 1 辆马车、6 匹马、2 只狗，还有 1 名青年奴隶被埋在马车后面。这里还出土了大量的随葬品，有陶器、漆器和铜器等。尤其是在这里出土了很多带有“匽侯”铭文的铜器，比较重要的有伯矩鬲、复

① 郭仁、田敬东：《琉璃河商国遗址为商初燕都说》，载《北京史论文集》，1980 年，第 61－75 页。

尊、复鼎、攸簋、堇鼎等。其中的攸簋，造型奇特，纹饰华丽，形式精美，堪称珍品。伯矩鬲，体态森严，雕饰精美，结构和谐，技艺高超。堇鼎，通高 62 厘米，口径 48 厘米，重 41.5 公斤，体态浑厚凝重，纹饰古朴雅丽，是目前北京地区发现的商周青铜礼器中最大的一件。其内壁铸有铭文 26 字："匽侯令堇饴太保于宗周，庚申，太保赏堇贝，用作太子癸宝𩰫。"记述了堇奉燕侯之命，去宗周见太保（召公）并受到赏赐，堇为记其光宠，乃作此器。

除青铜礼器铸有"匽侯"铭文之外，有的铜兵器上亦铸有如"匽侯舞戈""匽侯戈"等阳文，有的铜泡上还有"匽侯舞易"的铭文。现已确定，所谓"匽侯"即"燕侯"，也就是西周王朝分封在今北京地区的燕国的国君。"太保"即召公奭，《尚书·序》中说："召公为保，周公为师，相成王左右。"这就是说，召公奭乃周初重臣，随武王伐纣有功而封于北燕。"堇鼎"是周初时候的重器，而铭文载燕侯命令"堇"谒见太保召公奭于宗周，说明其时召公虽受封于燕，但仍然长期供职于宗国，统治燕地的乃是他的子辈。今日所见的琉璃河董家林遗址是周代燕国的都城当无疑义。

周武王伐纣灭商，在北京地区先后分封了蓟、燕两个诸侯国。考古学家们在对燕都的故地——今北京市房山区琉璃河董家林的考古发掘中收获颇丰，但在蓟城的故地却并未有更多的发现。甚至由此而得出这样一个结论：北京城的源头在琉璃河。

对此，历史地理学家侯仁之先生是这样解释的："燕灭蓟后，燕国之所以放弃其原有都城而迁都于蓟，主要是考虑到蓟城地处华北大平原的北端，是华北大平原、东北大平原、内蒙古高原三大地理单元的交接之地，交通地理位置至为重要，其生态环境、人文环境等均优于燕城，所以才会作出这样的一种决定。"他又说："燕都故地由于早已湮废，尘封千余载，让我们的考古工作者喜得收获。而一个长期作为城市心脏，经历千百年，不断处于城市建设之中的地下，还可能有三千多年前的历史遗迹吗？"[①] 此外，北京也不可能肇始于 100 多里外的董家林。

笔者曾经在原北京市地质地形勘测处见过一幅汇集"基勘"（即房屋建筑地基勘探）的钻孔资料绘制而成的"北京城近郊区人工扰动土等深分布

① 白杰：《宣南文脉》，中国商业出版社，2005 年，第 11－12 页。

图”。我们从这幅图上的等深线分布和疏密程度可以看到，广安门内外一带是北京城近郊区中原始土层扰动得最严重的一个地区。人工扰动土分布的面积不仅广，而且深。这又从另一个方面佐证了侯仁之先生的上述论断。

毫无疑义，在有关北京蓟城遗址的研究中，尊重考古发掘的实物是非常重要的，也是必要的。但是，如果就因为在广安门内外一带尚未发掘出早期蓟城（即燕迁都蓟之前）的遗址、器物而不承认蓟城的存在，进而否定蓟城是北京城的肇始之地，恐怕也有悖于历史文献的记载和已有的一些勘探研究成果。

五、 蓟城始建年代的确定

如前所述，对于成熟的城市形态的确立，往往以国家的建立为重要条件，即要有政权对城市的支撑和推动。

在夏、商时期，中原地区即今山西省南部、河南省北部、山东省西部、河北省南部是当时王朝的中心区域。今北京地区至今尚未发现夏、商时代筑城的确凿证据。那么，西周初年，周王朝先后在这里分封的两个诸侯国——蓟与燕，究竟始于何年？学术界对此众说纷纭，莫衷一是。

1995 年，在有关单位所组织的国际学术研讨会上，120 多位来自各地的专家学者，根据琉璃河董家林燕都遗址出土的刻有铭文的青铜礼器——克盉、罍、堇鼎等，结合历史文献考证，确认史书所记“周武王灭纣，未及下车，封召公奭于燕”为公元前 1045 年更接近史实，并进而确定：北京建城始于公元前 1045 年。自 1997 年以来，“夏、商、周断代工程”研究课题组，运用考古学、文献学、天文历法、碳 14 测试等社会科学与自然科学相结合的方法和手段，确定周武王灭纣的年代在公元前 1046 年。此研究是从检验武王克商的最可靠的依据——《武成》《世俘》中的历日记载开始的，即先逐一排比不同的月相与克商年的对应关系，再对《周语》伶州鸠语的每月情况进行分析和排列，最后再用“岁在鹑火”作为筛选条件。《尚书》记有武王在“既克商二年”的某日得病，又“后二年而崩”。此处所记的克商年当是公元前 1046 年，且与天文推算的公元前 1046 年正好相符。而史书又记有武王克商之后，未及下车就分封诸侯。那么，这一年也就自然是北京的建城之始的年份。此说，也被后来在临潼出土的周代青铜利簋底部的铭文所证实。

但是，据北京大学历史地理研究中心唐晓峰先生研究，今北京地区在夏、商时代尚未发现有筑城的证据。周武王灭商之后，为巩固姬周王朝的统治，便进行了大规模的分封。周初分封，文献记录有70多个诸侯国。其中比例最多的是周王的兄弟或周王的亲戚，其次是古帝王之后，还有一些是表示归顺的各国部落首领。而西周初年周王朝在北方地区先后分封了两个诸侯国——蓟与燕。蓟在北，燕在南。据《左传》《史记》记载，周武王灭商之后立即分封了一些"先圣王"的后裔为诸侯，其中的蓟国为黄帝（一说尧帝）之后，其统治范围主要在今永定河以北，同时受封的还有神农氏之后、帝舜之后、大禹之后，又封召公奭于燕、尚父吕望于齐、弟周公旦于鲁、叔度于蔡等。蓟国的都城"蓟"就是北京地区最早出现的城市。燕国的分封略晚于蓟国，它的统治范围主要在今永定河以南的拒马河流域。燕国的都城"燕"，是北京地区继蓟之后出现的城市。唐晓峰先生认为："蓟、燕，并不是同时受封，而是武王时封蓟，成王时封燕，两者一前一后，相隔大约不到10年"；并认为对《史记》记载的有关蓟、燕分封问题的笼统性，历代学者早有察觉。如《左传》昭公二十八年孔疏曰："由武王克商得封诸国，功归于武王耳。"功虽归于武王，但不一定为武王所为。因武王灭商之后两年即病死，其子成王诵即位。武王同母兄弟周公旦摄王位，代行国政，并继续分封诸侯。这就是说分封不一定均为武王所为。近代学者如王国维也发现这一情况。他在《殷论》一文中指出：武王克纣之后，只是立武庚置三监而去，而未能抚有东土。直到成王时出了武庚之乱，在周公的率领下始以兵力平定东方，克商残奄，灭国五十，随后便封康叔于卫、伯禽于鲁、太公望于齐、召公之子于燕。当代专门研究西周分封问题的学者，也多持这种看法，认为文、武、成、康时期是周初盛世，分封之事一直在进行，而主要诸侯国的分封过程，基本上完成于周公东征后的一段时期。由康王息民开始，基本进入守成时代。昭穆之后，少见分封诸侯之事。

周武王伐纣灭殷之后，周初的分封是随着西周王朝所能控制地区的逐步扩大而不断进行的，而召公封燕、太公封齐、周公封鲁，正是针对"控制北方"的政治要求所做的重要部署。它既表明了周王朝政权在中原的兴起和日益强盛，也标志着其对北京地区的正式统辖。这是具有特别意义的事件。而褒封蓟国一事，也说明今北京地区在商末周初之时存在一股较强的当地势力，且根基久远。蓟国，这个在北京地区发展起来的独立的政治群体，其核心当是位于永定河之北、燕山山脉南麓、北京小平原上的蓟城。

西周初年建立的蓟城，因其地理位置优越，后又在同一地点反复修建城市，所以早期蓟城的遗址很难保存下来。而燕城则因“蓟微燕盛，乃并蓟居之”，废弃之后，再无人在这里建立大型城镇，因此遗址得以保存至今。但是，北京城的最早前身是蓟城，则是确定无疑的。[①]

有关蓟、燕分封的问题，司马迁的《史记·周本纪》还有这样的记载：“武王追思先圣王，乃褒封神农之后于焦，黄帝之后于祝，帝尧之后于蓟，帝舜之后于陈，大禹之后于杞。于是封功臣谋士，而师尚父为首封。封尚父于营丘，曰齐，封弟周公旦于曲阜，曰鲁，封召公于燕，封弟叔鲜于管，弟叔度于蔡，余各以次受封。”只是，到西周以后，在文献资料中却难以找到有关蓟国活动的记载了。只在《史记·周本纪》中保存有如下一段记载：“蓟燕二国俱武王立，因燕山、蓟丘为名，其地足自立国，蓟微燕盛，乃并蓟居之，蓟名遂绝焉。”这就是说，原来的蓟国在后来终被燕国所灭，原属于蓟国统治的地区，也都归属于燕，且把原本建于“燕山之野”即琉璃河附近的燕都，也迁到了蓟城。

1995 年 10 月，中科院院士、历史地理学家、北京大学教授侯仁之先生，为矗立在今广安门立交桥北侧滨河公园内的“蓟城纪念柱”题写了《北京建城记》：

> 北京建城之始，其名曰蓟。《礼记·乐记》载，孔子授徒曰：“武王克殷反商，未及下车而封黄帝之后于蓟。”《史记·燕召公世家》称：“周武王之灭纣，封召公于北燕。”燕在蓟之西约百里。春秋时期，燕并蓟，移治蓟城。蓟城核心部位在今宣武区，地近华北平原北端，系中原与塞上来往交通之枢纽。
>
> 蓟之得名源于蓟丘。北魏郦道元《水经注》有记曰：“今城内西北隅有蓟丘，因丘以名邑，犹鲁之曲阜、齐之营丘矣。”证以同书所记蓟城之河湖水系，其中心位置在今宣武区广安门内外。
>
> 蓟城四界，初见于《太平寰宇记》所引《郡国记》。其书不晚于唐代，所记蓟城“南北九里，东西七里”，呈长方形。有可资考证者，即其西南两墙外，为今莲花河故道所经；其东西墙内有唐代悯忠寺，即今法源寺。

① 唐晓峰：《蓟燕分封与北京早期城址的确立》，载《北京城市地理》，北京燕山出版社，2000 年，第 19 页。

历唐至辽，初设五京，以蓟城为南京，实系陪都。今之天宁寺塔，即当时城中巨构。金朝继起，扩建其东西南三面，改称中都，是为北京正式建都之始。惜其宫阙苑囿湮废已久，残留至今者惟鱼藻池一处，即今宣武区之青年湖。

金元易代之际，于中都京北郊外更建大都。明初缩减大都北部，改称北平；其后展筑南墙，史称北京；及至中叶，加筑外城，乃将古代蓟城东部纳入城中。

历明及清，相沿至今，遂为人民首都之建设规划奠定基础。

综上所述，今日北京城起源于蓟，蓟城之中心在宣武区。其地承前启后，源远流长。立石为记，永志不忘。

图3－3　矗立在今广安门外滨河公园内的“蓟城纪念柱”和“北京建城记”碑（朱祖希 摄）

六、燕都蓟城城市功能的确立

燕国定都于蓟之后，确立了蓟城的历史地位——成为燕国的政治、经济、文化中心。到了春秋时期，中华大地上出现了大国争霸、小国被吞并的局面，到战国时便出现了秦、楚、齐、燕、赵、魏、韩“七雄”并立。其中的燕国是位居北部的一个诸侯国，其“东有朝鲜、辽东，北有林胡、楼烦，西有云中九原，南有呼陀（即今滹沱河）、易水”[①]。但由于其“北迫蛮貉，内措齐晋，崎岖强国之间最为弱小”[②]。由此可见，燕当时与朝鲜为邻，南与齐国交界，西与赵国相邻，北与戎狄杂处。它以今北京地区为中心，据有河北北部、山西省东北以及辽西等广大地区。由此可见，当时燕国的疆界还是比较广阔的。

燕国势力的强大，与当时整个社会生产力的发展是分不开的。当时金属制造工具的改进和冶铁鼓风炉的使用，促进了冶铁手工业的发展，使得铁制的生产工具逐渐普遍应用于农业和手工业生产，因而大大提高了生产力。铁制农具和牛耕技术的逐步推广，以及水利事业的发展，使大批未经开垦的荒野被辟为肥沃的农田，农业生产有了很大发展。蓟城附近的一片平畴沃野，在这时得到了进一步开发。

这时各种手工业的生产技术在长期的操作和经验积累的基础上，有了长足的进步，而从已经出土的燕国青铜器的形制灵巧、花纹细致、图案纤细等特点来看，当时青铜冶铸的技术已经相当高超。陶器的种类更多，各种仿青铜器制作的鼎、壶、簋等，样式大方美观，花纹也很精致。燕国的煮盐业也比较发达，“燕有辽东之煮”[③] 已见于古籍的记载。

春秋之前的城市是政治、经济和军事统治的核心，城市里的手工业主要为统治阶级服务，商业还没有充分发展起来，因此城市的规模都比较小。在经济生活中起较大作用的城市，是从春秋末期到战国中叶随着手工业、商业的发展而出现的。这时的城市日趋繁荣，城市的规模也日益扩大。

正是在这样的历史条件下，蓟城作为燕国的都城是富冠天下的名城之一，

---

① 《战国策》。

② 《史记·燕召公世家》。

③ 《管子·地数篇》。

堪与赵国的邯郸、齐国的临淄、楚国的宛（今河南南阳）和著名的洛阳等大城齐名。汉初，三河（河东、河内、河南）富庶之区以外，著名的大都市有八个，蓟城即其一。《史记·货殖列传》云："汉兴……海为一，开关梁、驰山泽之禁，是以富商大贾周流天下……""夫燕亦勃、碣之间一都会也。南通齐、赵、东北边胡，……有渔盐枣栗之饶，北邻乌桓、夫余，东绾秽貉、朝鲜真番之利"①。据《盐铁论》所记"燕之涿、蓟，富冠海内，为天下名都"，蓟城作为北方的交通枢纽，这时已成为南北商业贸易的最大中心之一。它南与齐、赵之地交易，直至关中；北与东北诸部交易，直至辽东；与中原大地的交易是输入丝绢布帛，输出筋角马匹、枣栗等物；与东胡交易，则是输出盐铁，而输入各种畜牧产品。

货币是进行交易的媒介，没有大量的需要是决不会大规模铸造货币的。"燕明刀"是当时燕国通行的货币，燕明刀的大量出土，又从另一个方面反映出燕国经济发达的程度及其贸易往来的地区范围。这从考古学的资料中可以大致了解。

据统计，出土燕明刀的地点除了北京地区以外，还有以下一些地区：

河北省：易县（燕下都）、石家庄、邯郸、承德、栾平、怀来。

天津市。

河南省：原平、永济。

内蒙古：赤峰、宁城、凉城。

辽宁省：沈阳、朝阳、敖汉旗、锦州、鞍山、义县、抚顺、辽阳、营口、金县、貔子窝、堂城子、旅顺。

吉林省：辑安。

此外，在朝鲜、日本也有燕明刀出土。②

由此可以看出，燕明刀的分布范围是以北京（蓟）和易县（燕下都）为中心，南至河南，西至山西，东至山东，东北至吉林、辽宁，最远可达朝鲜、日本。这足以反映当时燕国经济往来范围之广以及其南北交流的枢纽地位。

不仅如此，燕国除都城之外，还设有"中都"和"下都"。燕"中都"之称，见于《太平寰宇记》，不仅如此，其卷六九"幽州良乡县"记："在燕为中都，捍卫良乡县，属涿郡。"1959 年房山县窦店西曾发现一座土城址，

① 《史记·货殖列传》。
② 曹子西：《北京通史》第一卷，北京燕山出版社，1994 年。

其城内外两层，呈长方形。外城堆积土围，为古城外郭；内城东西长1100米，南北宽800米；其间设有子城。据考，此即汉代良乡县城，燕中都应当在这一带。[①]

燕昭王时所设的燕下都武阳城遗址，位于今河北省易县东南，地处北易水和中易水之间。城址以两个方形做不规则的结合，平面略呈倒凸形，东西长约8公里，南北长约6公里。城墙用黄土版筑而成，残存遗址宽7～10米。中间有一道纵贯南北的城垣，将古城隔为东西二城。东垣长3980米，宽40米；有城门一座，城外有护城河，宽约20米。南垣残长2210米，宽约40米。西垣残长4630米，宽40米，城外有古河道，称“运粮河”，其河北段宽约40米，中段宽约80米，南段宽约90米，流入中易水。东部主要是宫室、官府和手工业作坊（包括炼铁、制骨、制陶等），西南是居住区，西北是墓葬区。宫室位于东部北端的中央，有高大的夯土台，长130～140米，高7.6米，成阶梯状。附近还发现附属建筑的遗址。这组建筑之北散布着若干夯土台，连同城内外其他大小台址共计50余处，说明当时燕国的宫室是建在高台之上的。整个布局合理得当，特别是城内设有给排水等管道设施，这些既说明燕下都规模的宏伟，又反映出燕国城市建设的水平。此外，在燕下都城址内还出土有大批的燕、赵、魏、韩等国的货币。据统计，自1945—1978年间共出土燕国刀币33315枚，其中既有战国前期流行的弧背刀币，又有战国中晚期流行的折背刀币，表明武阳城内的经济活动亦颇为活跃。[②]《史记·刺客列传》还记载有：“荆轲嗜酒，日与狗屠及高渐离饮于燕市，酒酣以往，高渐离击筑，荆轲和而歌于市中，相乐也。已而泣，旁若无人。”这说明燕下都不仅有市场，而且很繁华。

燕下都武阳城位于太行山东麓，地处南北之间的军事要冲。燕昭王所营建的下都并不是一般的都城，而是扼制南方的一个重要军事重镇，也是立志伐齐、招揽人才的所在。“昭王礼宾，广延方士，至如郭隗、乐毅之徒，邹衍、剧辛之俦宦游历说之民，自远而届者多矣。不欲令诸侯之客伺隙燕邦，故修建下都，馆之南陲。”[③] 其在军事上与上都蓟城互为掎角之势而又唇齿相依，燕人曾多次抵御南来之师于下都，而使上都免遭破坏。燕王喜“二十年

① 刘光之、周恒：《北京周口店区窦店土城调查》，载《文物》1959年第9期。

② 中国历史博物馆考古组：《燕下都城址考古报告》，载《考古》1962年第1期；王素芳、石永士：《燕下都城遗址》，载《文物》1982年第8期。

③ 曹子西：《北京通史》第一卷，北京燕山出版社，1994年，第84页。

（公元前235），燕太子丹患秦兵至国，恐，使荆轲刺秦王”[①]，并以此为据点从事谋刺秦王的活动。荆轲由此渡易水而至秦都咸阳，刺杀秦王不成。燕王喜二十八年（公元前227），秦王“使王翦、辛胜攻燕。燕、代发兵击秦军。秦军破燕易水之西”[②]。武阳城遂遭破坏。至此，其为燕之下都时间当在百年以上。

战国时代，由于列国之间战事频繁，刀兵不息，因此各国争相加强防御工事。燕国大将秦开大破东胡之后，为防东胡、匈奴再度骚扰入侵，便在蓟城迤北，凭借燕山山脉的险阻，营建了西起造阳（在今河北省怀来县境内）、东抵襄平（在今辽宁省辽阳县境内）、东西蜿蜒千里的北长城。《史记·匈奴列传》记载：“燕有贤将秦开，为质于胡，胡甚信之。归而袭破走东胡，东胡却千余里……燕亦筑长城，自造阳至襄平。置上谷、渔阳、右北平、辽西、辽东郡以据胡。”[③] 此外，为了抵御齐、赵的进攻，又在燕国南境，从武阳以南沿易水北岸，在扩建堤防的基础上，跨过易水斜向东南，修建了长达百里的南长城。当时称为“易水长城”。

广阳郡治蓟，上谷郡治沮阳（今河北省怀来县大古城村北），渔阳郡治渔阳城（今北京市怀柔区梨园庄东南），右北平郡治无终（今天津市蓟县），在蓟城与武阳之间有位于富庶的“督亢”地区的涿城，其东南还有韩城、方城、临乐等。[④] 以上这些城的设置，虽然在很大程度上出于军事防御的目的，但实际上却已经在燕国境内形成了以蓟城为中心的城镇体系。

①② 司马迁：《史记》卷六《秦始皇本纪第六》，中华书局，1975年，第233页。
③ 司马迁：《史记》卷一一〇《匈奴列传》，中华书局，1975年，第2885－2886页。
④ 侯仁之：《北京历史地图集》，北京燕山出版社，1988年，第14页。

第四章

隋唐幽州城的城市形态和功能

秦灭六国，结束了长期诸侯割据的局面，建立了我国历史上第一个统一的多民族的君主集权的国家。秦的版图包括黄河、长江和珠江的中下游流域；在东北地区则承袭了旧日燕的疆土，把统治范围一直伸展到现在的辽河下游和整个辽东半岛。原先燕国的都城——蓟城，成为一个经由华北平原进入我国北部和东北地区的重要城市。

为了巩固封建统治，秦始皇采纳了廷尉李斯的建议，在全国废除自西周以来奉行的分封制度而推行郡县制。据北魏郦道元所著《水经注·㶟水》记载：秦在蓟城及其以南地区置广阳郡，治所蓟城；在广阳郡以北原燕国地区沿长城一线自西而东置上谷、渔阳、右北平、辽西、辽东5郡。今北京地区分属上谷、渔阳、右北平、广阳4郡。蓟城虽然从过去燕国的领地中心转变成为秦王朝的北方军事重镇和交通枢纽，但由于其所处的地理位置，在沟通汉族统一封建国家和东北地区少数部族之间的关系上起着非常重要的作用。可以这样说，在自秦汉到隋唐前后的1000多年间，每当中原的汉族统治者政权稳固，势力强大，内足以镇压农民的反抗，外足以发展势力、开拓疆土的时候，就必定要以蓟城作为经略东北的基地。每当中原的汉族统治者内部争斗剧烈，游牧民族就常常乘机内侵，于是蓟城又成为汉族统治者军事防守的重镇；而一旦防守失效，东北地区游牧部族的统治者长驱直入之后，蓟城因为地处华北大平原的门户，遂成为双方统治者的必争之地，甚至还会成为入侵者进一步南下的据点。这期间也经常会出现一些比较安定的局面，于是蓟城又会很快地发展起来，成为中国北部的一个经济贸易中心，促进汉族与北方游牧部族之间物资以及文化的交流。[①]

① 侯仁之、金涛：《北京史话》，上海人民出版社，1980年，第22－23页。

一、 北方贸易中心和军事重镇

秦都咸阳，其统治范围东至大海，南至五岭。在北方的广大地区，与当地少数民族——匈奴、东胡、肃慎等游牧部族接壤。秦始皇嬴政为了巩固其中央集权的封建统治，便以咸阳为中心，在全国修筑驰道。驰道宽50步（6尺为一步），“东穷齐燕，南极关楚，江湖之上，濒海之观毕至，道广五十步，三丈而树，厚筑其外，隐以金椎，树以青松”。这就是说，北端以蓟城为中心，向东经渔阳而到达碣石（秦皇岛）、辽阳；向北经今密云的古北口而达承德、柳城；向西北经军都县过居庸关抵达云中、上郡。毫无疑义，驰道的修筑，不仅加强了中央政权对地方的政治控制，促进了南北的经济贸易往来，而且更具有重要的军事上的意义。

与此同时，为了抵御北方匈奴等游牧部族的南侵，又命大将蒙恬主持，驱使由军士、民夫、囚徒组成的近百万的劳力，自西北的临潼（今甘肃岷县）起，大体沿着战国时代秦、赵、燕所筑的旧长城至东北的辽东，筑长城万余里。北京城西北的居庸关乃是长城的一个重要关口，是古代北京西北的屏障。“居庸关”这个名字取自“徙居庸”一词，传说秦始皇修筑长城时将强迫征来的民夫士卒徙居于此，故而古文献中有“徙居庸”的记载。这里形势险要，为历代兵家必争之地，修长城时也成为一个重要关口。

司马迁在《史记·货殖列传》中这样描写蓟城一带的形势：“夫燕亦勃、碣之间一都会也，南通齐（今山东）、赵（今河北省南部），东北边胡……有鱼、盐、枣栗之饶。北邻乌桓、夫余（在今内蒙古东部和辽宁以北、吉林一带）、东绾、秽貉、朝鲜、真番（都在今朝鲜半岛北部）之利。”它扼要地说明了蓟城在我国北方的重要经济地位和军事形势。秦代的广阳郡治蓟城，在西汉时实行郡国并行制度。广阳地区有时为封国，有时为郡，共辖四县。蓟城既是这里的政治中心，也是汉族与少数民族进行经济贸易活动的中心。当时，中原和东北游牧部族之间的贸易往来相当频繁。这里的市场除了出售本地所产的农产品和手工业产品之外，还有来自中原各地的布帛、漆器和来自乌桓、夫余、秽貉、朝鲜、真番的皮毛、牲畜及其他产品。蓟城的金属制品、粮、布、盐等，也由此转销到东北地区。隋开凿的永济渠，其南段利用黄河支流沁水，使其分流东北与清河、淇河相连，再从东北入白沟；北段则利用沽河（今白河）和一段桑干水（今永定河），凿成运河。这样，河南地区的来船，就可以经永济渠直达蓟城。

隋朝时蓟城为涿郡治所；唐初改涿郡为幽州，治所仍在蓟城，因此蓟城又称幽州。隋炀帝和唐太宗统一全国之后，都曾利用蓟城的战略地位，将其作为向东北征讨的军事基地。早在隋朝开皇四年（584），为运关东之粟，隋文帝命宇文恺自大兴城（长安）东至潼关开广通渠。

隋朝大业年间，隋炀帝开凿了以东都洛阳为中心的运河，西通长安，南达余杭（杭州），北至涿郡。

隋炀帝于大业元年（605）自洛阳浪荡渠故渎至山阳（今淮安），开凿通济渠，利用邗沟和淮水，把长江与黄河沟通起来。其目的是广收江淮之粟以供关中。之后于大业四年（608）又开凿永济渠，并利用现在河南省西部的沁水，南通黄河，北达涿郡蓟城。其目的是为远征辽东运输军用物资。不过其通达蓟城的最后一段，并不是经由所谓的北运河（即潮白河下游故道），而是沿着当时的永定河（时称桑干河）的故道（即今北京城南的凉水河）直抵蓟城南郊。

《隋书·炀帝纪上》载："大业四年（608），正月乙巳，诏发河北诸郡男女百余万凿永济渠，引沁水，南达于河，北通涿郡。"这就是隋炀帝令阎毗修建的"北通涿郡（蓟城），南达于河"的永济渠。

就在永济渠开凿以后三年即大业七年（611），隋炀帝亲自领兵，远征高丽。其时远在江都（今江苏扬州市）的船只可直行抵达蓟城，所经行的正是这条水道。当时征调的兵马辎重都集中到蓟城。"发江淮以南民夫及船，运黎阳洛口诸仓米至涿郡，舳舻相次千余里。"大业八年（612）正月又有记载说："四方兵皆集涿郡，凡一百一十三万三千八百人，号二百万，其馈运者倍之。宜社南桑干水上，类上帝于临朔宫南，祭马祖于蓟城北。"可悲的是这次规模浩大的军事行动，是以隋朝军队的彻底失败而告终的。在此之后，隋炀帝又曾发动两次征服高丽的战争，但亦均以失败告终。

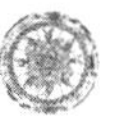

不仅如此，隋炀帝还在隋大业六年（610）开凿江南运河。即从与邗沟南端的江都（今扬州）隔岸相望的京口（镇江）至余杭的运河，这样便使永济渠、通济渠、邗沟、江南运河连通一气。这便是中国历史上有名的"大运河"。大运河进一步沟通了南北经济、文化，但由于随后发动的征辽战争终归于失败，其作用并未得到充分发挥。到了唐代，大运河才真正发挥了其沟通南北经济、文化的作用，即“在隋之民，不胜其害，在唐之民，不胜其利也”①。唐代由于把幽州城与江淮、关东的富庶之区联系了起来，幽州的商贸往来比往日更为繁盛。所谓“自九河之外，复有淇（永济渠）、汴（通济渠），北通涿郡之渔商，南通江都（扬州）之转输，其为利也博哉”②。唐代江南地区的经济已经相当发达，江都（扬州）更是著名的商贾城市。江淮以南的椒、笋、粳米、茶叶以及布帛沿着运河源源不断地北上，也极大地刺激了唐代幽州商业经济的发展。

在唐代，幽州地区的农业生产有了很大的发展，尤其是在开元、天宝年间。幽州的私人手工业也逐渐发展，绫、绢、绵等相当有名，且成为贡品。铁的开采和冶炼也是幽州城的重要手工业生产部门之一。农业和手工业的发展，活跃了幽州的城市经济和商业贸易，各行各业十分发达，城区北部设有商业和手工业区，称为“幽州市”。市设各类店铺，见于房山云居寺唐代石经题记中的有30多种行业：米行、白米行、粳米行、屠行、肉行、染行、油行、布行、五熟行、果子行、椒笋行、炭行、生铁行、磨行、绢行、大绢行、小绢行、彩绢行、绵行、丝织行、幞头行、靴行、杂货行、新货行等。

当时从幽州至都城长安可经太行山东麓南下；或进娘子关，经太原，或经洛阳西行抵达。这两条路线的沿途都有店肆、驿驴，以便商旅的往来。而从幽州到东北，则可经古北口出长城至奚王牙帐（今辽宁宁城东），亦可沿燕山南麓东行出山海关至东北，还可以出居庸关至妫州和山西北部。水路可由永济渠从幽州直达洛阳，或从海上通往江南、东北各地。发达的交通和幽州的地理位置决定了幽州在唐代国内和国外商业贸易上的重要地位。它是内地商品输出和北部、东北部地区商品输入的集散地。马匹、皮毛等关外畜产品源源不断地涌入这里，再由这里输往我国中原和江南各地；内地的粮食等农产品、铁器等手工业产品，乃至文化典籍则由这里输往我国东北和朝鲜。所以，在幽州集中了不少胡商和高丽商人。当时的范阳节度使安禄山曾这样描写：“分遣商胡诣诸道贩鬻，岁输珍货数百万。”③ 可见，当时的胡汉贸易是相当可观的。

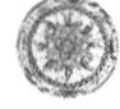

隋朝之后的唐朝国势强盛，唐太宗曾于贞观十八年（644）出兵远征高

①② 《皮子文薮》卷四《汴河铭》。
③ 《资治通鉴》卷二一六。

丽。当时除去海上一路大军外，他还亲自统率主力，从陆路经蓟城直赴辽东，并在蓟城南郊誓师。结果唐朝大军遭到了高丽军队的顽强抵抗，加之天寒地冻，粮草不济，将士阵亡不少，而被迫撤退，无功而返。唐太宗退兵蓟城之后，为了安抚军心，便在蓟城东城墙内偏南的地方，建造一座悼念阵亡将士的庙宇，名“悯忠寺”，即今法源寺。史书曾有“悯忠高阁，去天一握”的文字记载。

到唐开元、天宝年间，河运已经不能满足幽州经济生活的需求。于是，又开海运，即从山东登、莱二州自海道将百货运至幽州。唐朝著名诗人杜甫的《后出塞》一诗中有这样的描写：“渔阳豪侠地，击鼓吹笙竽。云帆转辽海，粳稻来东吴。越罗与楚练，照耀舆台躯。”《昔游》又云：“幽燕夙用武，供给亦劳哉！关门转粟帛，泛海凌蓬莱。”这些诗歌生动地描绘了江南财货给幽州带来的繁荣景象。

二、 幽州城的城市形态

隋唐时期的幽州城，作为封建王朝控制东北少数民族地区的重镇，已具有封建社会城市的一般特点。

幽州城是仿照当时都城大兴城（长安）改建而成的。

据《旧唐书·地理志二》载，“自晋至隋，幽州刺史皆以蓟为治所”。实际上自汉代就已经如此。东汉初年朱浮为幽州刺史，治蓟城；东汉末年刘虞为幽州牧，亦治蓟城。唐玄宗开元十八年（730）分割幽州东部的渔阳、玉田、三河三县另置蓟州（治今天津市蓟县）。此后“蓟”的名称便用来表示今天天津的蓟县，原来的幽州蓟城大多称幽州城，而少称蓟。

据《太平寰宇记》载，“蓟城南北九里，东西七里，开十门”。唐幽州城是一座南北略长、东西略短的城池，其周 32 唐里，约合今 24 里。其东垣在今宣武区烂缦胡同和法源寺之间的南北一线；南垣在今姚家井以北，白纸坊东西大街一线；西垣在莲花河（古洗马沟）过甘石桥以下河道的东侧和会城门村以东至原北京钢厂东侧的南北一线；北垣在今白云观至西单南头发胡同一线。头发胡同原有受水河（原名臭水河），往西与白云观北墙外的小河相连，即为唐幽州城北城壕。[1]

幽州城内有子城之设。据史料记载，这种设置始于南北朝时期。唐代各州军府与城内筑子城已成为常制。幽州城内子城设于城内西南隅。其东、北向城垣在城内；南、西向城垣傍幽州城垣。

采师伦《重藏舍利记》碑称，子城有东门。估计北面也有一门。《太平寰宇记》引《郡国志》称，幽州城“开十门”。如果除去子城的二门，则唐幽州城的外城应有八门，即东西南北四方各开二门。这也与《辽史·地理志》中所记载的辽南京（即幽州城）的城门数相一致。

按我国古代城市的一般规划，对应的两座城门之间应有直道相通，全城街道呈棋盘状。幽州城 10 座城门中有 8 座为幽州外城的城门，即每面城垣各开两座城门。另两座城门则为子城的城门：一在子城东垣，即子城东门；一在子城北垣，即子城北门（略称为“子北门”）。这两座城门均在幽州城内，而子城南门和子城西门，同时也是幽州城的城门。城内的道路分布呈棋盘状。由于大城有 8 座城门，所以全城有东西向主道两条，南北向主道两条；在主干道之间另有小巷通行。

“里坊”是唐代城市的基本单位，是一个呈封闭状态的居民区。其制乃承袭秦汉时的“闾里”制度，其名称定于隋。

坊的格局为“田”字形，即棋盘形。四面有坊墙，各开一门，相对两门之间有巷相通，呈十字交叉形。幽州城共 26 坊。其坊名是：罽宾坊、卢龙坊、蓟宁坊、肃慎坊、铜马坊、花严坊、蓟北坊、燕都坊、军都坊、招圣坊、归仁坊、劝利坊、时和坊、平朔坊、遵化坊、显忠坊、棠阴坊、辽西坊、东通圆坊、归化坊、隗台坊、永平坊、北罗坊、齐礼坊、归厚坊、大田坊。[2]

坊门晨启夜闭，闭门后禁止夜行，违者谓之犯夜。唐律规定“犯夜者笞廿”。每年只有正月十五开放宵禁一日，许人观灯。后来改为三日。这三日“金吾弛禁，特许夜行”。幽州城的这种制度一直沿用至辽、金。

幽州城内还有纵横贯通的经略军街、燕州街、檀州街等，有总管幽州地区和幽州城的军事、政治事务的衙署、官邸。唐幽州城盛时拥有居民 1 万余

---

① 唐会昌六年（846）采师伦《重藏舍利记》云：“智泉寺……子城东门东百余步，大衢之北面也。”

② 常征、劳允兴：《北京市发展史略》（五），“隋唐五代的幽州城”（铅印稿）。

户，人口6万余人。[①]

另据《太平寰宇记》载，唐末幽州蓟县有22乡，幽都县有12乡。属于蓟县者有燕夏乡、会川乡、燕台乡、招贤乡、归仁乡、广宁乡等；属于幽都县的有礼贤乡、房仙乡、保大乡、归义乡、丰乐乡、太平乡、幽都乡、美兜帽乡、效德乡等。上列乡名与《太平寰宇记》中所列相去甚远，尚有待日后通过考古发掘来完善。但我们可以从上述资料看出唐时幽州城的概略和规模。[②]

三、 唐幽州城的重要道观、寺庙

两汉时期由印度传入中国的佛教，经历三国、两晋、南北朝数百年，直到唐朝时才开始和中国文化有较多的融合，并逐渐发展，与儒、道成鼎足之势。幽州地处中国的北方边陲，佛教的传入和发展，从时间上看比中原、江南略迟，但其发展速度却并不比其他地域逊色。在隋朝五代的时候，燕地既有名僧云游全国各地或西游各个崇尚佛教的国家，当然也有不少名僧在燕蓟弘扬佛法，使燕地的佛教得到大规模的发展，也使城市的形态和功能有了不小的变化。

汉唐时期，今北京地区规模较大，又颇具特色的寺观主要有白云观、法源寺、引佛寺、潭柘寺、云居寺、房山十字寺、天宁寺、灵光寺等。(以上均为现在的观名和寺名)

1. 白云观

唐玄宗时期，是唐王朝最繁盛的时期。由于尊崇道教，抑制佛教，对于中国道教的发展有着重要的意义。唐玄宗竭力神话玄元皇帝，并追尊太上老君玄元皇帝为“大圣主元皇帝”，后来又尊为“祖大道玄元皇帝”。他还下令在天下各州普建玄元皇帝庙。

唐开元二十七年（739），唐玄宗又下令在幽州建了一座长天观。这就是历代几经重修、改建、扩建的白云观。该观坐北朝南，南北长280米，东西

---

① 韩光辉：《各时期北京市人口》，载侯仁之主编《北京城市历史地理》，北京燕山出版社，2000年，第252页。对于幽州城内的坊里名，《北京通史》《北京城市历史地理》《北京城市发展史略》所记均略有出入，本书从《北京城市发展史略》所记。

② 赵其昌：《唐幽州村乡初探》，载《中国考古学会第一次年会论文集》。

宽160米。殿堂分中、东、西三路和后院四部分。

中路：中路有照壁、牌坊、山门、灵光殿、玉皇殿、老律堂、邱祖殿、三清阁、四御殿等正殿，以及东西两侧的钟鼓二楼，配殿廊庑。

东路：从邱祖殿前向东过“体元洞府”门即为东路，有南极殿、斗姥阁、罗公塔、斋堂、斋厨等。

西路：从邱祖殿堂前向西过“会仙福地”即为西路，有吕祖殿、八仙殿、元君殿、元辰殿、祠堂院等。

在三清阁、四御殿以北便是白云观的后院，即“云集园”。园内有戒台、云集阁、云华仙馆、友鹤亭、妙香亭、退居楼和假山回廊等。身临其中，宛如仙境，故有“小蓬莱”之称。

金正隆五年（1160），天长观遭遇兵燹，金世宗完颜雍于大定七年（1167）敕命重建，并由户部尚书张仲愈督办，直到大定十四年（1174）三月竣工。重建后的天长观比以前宏大。落成时，观内举办三天三夜的盛大道场。世宗及皇太子莅临观礼，道士阎德源开坛说戒，从而开创了道教丛林传戒的制度。是年，长天观改名为“十方长天观”。

《宫观碑记》引《中都十方长天观重修碑》曰：“前三门榜曰：‘十方长天观’，中三门曰玉虚之门，设虚皇醮坛三级。中大殿曰玉虚，以奉三清；次有阁曰通明，以奉昊天上帝。次优殿曰延庆，以奉元辰众像。翼于其东者有殿曰澄神；翼于其西者有殿曰生真，以奉六位元辰。东有钟阁曰灵音，兼奉玉皇上帝、虚无玉帝。次有阁曰大明，以奉太阳真君。次有殿曰五岳，以奉诸岳帝及长白山兴国灵应王。西阁曰云玄，以祕道藏兼奉三天宝君。次有阁曰清辉，以奉太阴皇君。次优殿曰四渎，以奉江河淮济之神。洞房两庑及方丈凡百六楹有奇。”

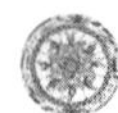

长天观于金章宗明昌三年（1192）遭兵焚毁。翌年，又在长天观旧址西面重建。金泰和三年（1203）改名太极宫，并接纳四方云游道士。

金末元初，长春真人邱处机应元太祖成吉思汗之邀西行归来，之后便受命主持太极宫，掌管天下道观，并依其道号诏改太极宫为长春宫。邱处机羽化之后，其弟子便于长春宫东侧和下院建处顺堂（即今邱祖殿），安葬邱处机。

明洪武二十七年（1394）长春宫又遭遇兵燹。永乐年间（1403—1424年）敕命重修，并以“处顺堂”为中心进行扩建。建成后改名“白云观”。

正统八年（1443）正式赐匾额“白云观”。清朝和民国年间，及至新中国成立之后，白云观均有进行重修或修缮的记载，现在所见的建筑大多为明清两代所建。如牌坊、山门、老律堂、灵宫殿、三清阁、四御殿系明代所建；钟鼓楼、玉皇殿、祠堂、元君殿、云集阁为清代所建；邱祖殿、元辰殿乃金代所建。

如上所述，邱祖殿原名“处顺堂”，其楹联“悟道藏玄机四海驰名朕信宠，见君礼稽首一言止杀救苍生”乃玉溪道人所书。元辰殿建于金明昌元年（1190），该殿又被称为“六十甲子殿”。

2．法源寺

前文已述及，唐太宗曾应朝鲜半岛新罗要求出兵征讨高丽。但遭到了高丽军队的顽强抵抗，加之天寒地冻，给养迟缓，将士冻饿而死者甚众，惨败而归。为平息死难将士家属和国人的怨怒，或许也有一点点隐隐的平复自责之心，唐太宗遂许愿建寺以抚慰死难将士的忠魂，在贞观十九年（645）下令“将建寺”，为“殁于戎事”的“忠义之士”荐福。但是，还没有开始建筑，唐太宗就去世了。其子高宗于上元二年（675）又下令建寺，直到武则天登基下诏建寺，于武后万岁通天元年（696）建成，赐名“悯忠寺”。

“安史之乱”是幽州地区将领安禄山、史思明兴兵叛唐称王之乱。他们曾先后在悯忠寺内建塔、刻碑立传。唐玄宗天宝十四年（755），安禄山在该寺的东南隅建塔。唐肃宗至德二年（757），史思明在该寺西南隅建塔，名为“无垢净光宝塔”。现寺内尚存《无垢净光宝塔颂》碑。其时，还曾将寺名改为“顺天寺”。唐中和二年（882）该寺被烧，后又重建。

唐昭宗景福元年（892），幽州节度使李匡威修复该寺，并建起了供奉观音的高达三层的塔阁，“悯忠高阁，去天一握”的谚语便应运而生。

至辽代，悯忠寺成为辽南京城很重要的寺庙。辽代的皇帝、皇后曾多次在该寺内斋僧建道场，多次下诏修葺或局部改建。辽道宗在咸雍六年（1070）在对该寺进行修葺之后赐名“大悯忠寺”。不仅如此，连北宋的来使也在“大悯忠寺”内接待。

金兵克汴梁，俘获徽、钦二帝，在北上押解途中曾分别将徽宗囚禁于悯忠寺内，钦宗囚禁于延寿寺内，父子俩还可以不时会面。金元之际，该寺曾因地震和火灾被毁，直到明朝才被修复，并赐名“崇福寺”，建大藏经阁。

清雍正十一年（1733）重修后，赐名“法源寺”。清乾隆四十三年（1778），乾隆帝亲临法源寺，并赐匾“法海真源”，进一步弘扬了“法源寺”寺名中“法源”的含义：千条万条戒律都是“流”，内心存诚才是“源”。

法源寺占地6700平方米，坐北朝南，在长达230米的中轴线上依次排列着山门、天王殿、大雄宝殿、悯忠台、毗卢殿、大悲坊、藏经阁等，构成了该寺的主体建筑群。山门为三开门，并以殿堂式的建筑形制寓意佛家“三解脱”，石门额上雕有“法源寺”三个金字。朱红色的山门之后是天王殿，殿前有一对铜狮，左右两侧是钟、鼓楼。殿内供奉明代铜铸的弥勒佛和四大天王像。

其北便是全寺的主殿——大雄宝殿，殿东西宽五间，进深三间。殿前有六座明、清两代的石碑，包括清雍正十二年（1734）刻的《法源寺碑》。内抱厦梁上悬挂着乾隆御书的“法海真源”匾。大雄宝殿的檐下用五彩斗拱、灰筒瓦、山宽大集顶，檐坊和檐檩均饰以和玺彩画。殿内供奉明代塑造的释迦牟尼像和普贤、文殊菩萨像。

殿北即为悯忠台，又称观音阁。这是法源寺特有的建筑物。该台外墙以十二柱为架，室内用十二柱支撑。现在这里陈列着历代法源寺的石刻文物，如唐代的《无垢净光宝塔颂》和唐昭宗景福元年（892）的《唐悯忠寺重藏舍利记》、辽代的《燕京大悯忠寺观音地宫舍利函记》、金大定十八年（1178）的《北部令史题名记》等碑刻。台的外壁、东墙上嵌着翁方纲复制的唐代李邕所书的《云麾将军李公（秀）碑残拙》和《京都古悯忠寺今法源寺龙王菩萨灵井记》；西墙上嵌有清代张陶绘、石韫玉撰的《西方接引佛像赞》《法源八咏》石刻。

悯忠台后是毗卢殿（原名净业堂），殿前的双层石座上置有一个大石钵，钵体周围雕着海水江崖花饰和海兽。该钵又称“玉海”，为明代所制。殿内曾供奉唐朝玄奘法师顶骨舍利。现供奉着明代铸造的“五方佛”铜像。铜像的最下层为千叶瓣莲巨座，每一瓣莲上镂刻着一尊佛像；中层是“四方佛”，分别是东南西北四个方向的佛；最上层的是毗卢佛，铜像坐落在石须弥座上，通高5.65米。①

在毗卢殿之后便是大悲坛。里面陈列着历代佛经版本，例如唐朝和五代

① 赖永梅：《中国佛教百科全书》第八册，上海古籍出版社，2001年，153页。

时期的写经、宋版开宝藏、思溪藏、啧砂藏，元代的普宁藏，清代的龙藏、北藏和嘉兴藏，以及唯一传世的残本《武林藏》等。[①] 此外，这里还收藏有少数民族文字的经典和一些贝叶经书。例如西夏文经、回鹘文经、蒙古文经、傣文经和藏文经等。大悲坛的横梁上还悬挂着清康熙帝为该寺住持授玺和尚题写的“存诫”匾额。另外，殿内还陈列着清乾隆年间所制的三座高 2.4 米的珐琅塔。

法源寺中轴线上最后的一座建筑便是藏经楼。藏经楼分上下两层，两层的布局相近似。主楼的下层陈列着历代佛的造像。进门首先看到的是一座长 7.4 米的明代木雕卧佛像，这是北京现存明代木雕佛像中最大的一尊（原存于广渠门内卧佛寺）。另外，还陈列着唐代咸亨三年（672）的造像，高 1.25 米，并刻有题记[②]；元代的青铜自在观音像，高 1.6 米（原存于护国寺内）。此外，还有唐代的石雕佛像、金代的木雕菩萨像、明代的木雕伏虎罗汉像和清代的脱护菩萨像等。藏经楼上层供奉的是明代泥塑的三大力士像。四周经柜里还收藏着明代的南藏、北藏、嘉兴藏等珍贵经书。

整座经楼均饰以朱红色梁柱和斜方格隔心的门窗，檐坊和檩条饰以彩绘，图案以人物故事或花卉为题材。楼顶覆青灰色庑殿顶，两侧配以转角小楼，扶廊又巧妙地把小楼和主楼连在一起，使人感觉疏朗而不离，错落而有致。楼前一棵有数百年树龄的银杏和两棵清乾隆时期种植的西府海棠，更把藏经楼点缀得肃穆而又不乏灵秀。

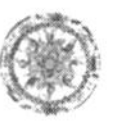

①② 赖永梅：《中国佛教百科全书》第八册，上海古籍出版社，2001 年，153 页。

第五章

辽南京城的城市形态和功能

在北京的城市发展史上，辽代的南京（也称燕京）是一个重要阶段。因为正是从这时开始，北京从一个北方军事重镇向政治、文化中心城市转变，揭开了北京首都地位的序幕。

契丹人从其崛起到夺取燕云十六州，并升为幽州南京，把它变为辽朝的陪都，便是这种转折的标志。从938年契丹正式建立南京，到1122年金人入主燕京，前后长达180多年。在这段时间里，辽朝的首都虽然仍在草原上的上京临潢府（今内蒙古巴林左旗），但实际上燕京是辽朝五京中经济、文化最发达的城市，也是唯一能与北宋都城开封相抗衡的城市。

从表面上看，辽代的南京与过去的幽州相比，变化不大，城垣如故，街市依旧，只是在城的西南角增加了一座在今天看来不大的皇城。但从城市性质看，却发生了根本转变。辽朝的南部疆域已越过长城，到达今河北北部拒马河一带。这种形势所带来的直接结果是燕京战略地位的转变，它由中原政权防范北方民族的军事基地变成新兴的北方民族政权——契丹进入中原的头等中心城市，以及契丹继续向中原腹地进击的前哨中枢。统一北方的辽代政权，以燕京为辽代五京之一的南京，先后经营了180多年，不仅使这座城市获得了发展，最重要的是给这座城市注入了新的生机。

一、契丹族的兴起与南下

契丹是我国北方的一个游牧民族，其祖先为东胡人。战国时期，东胡在燕国东北一带活动，并与燕国发生过摩擦和冲突。汉初，东胡为匈奴所灭，以后分为乌桓、鲜卑等部。契丹是鲜卑的一支，最初生活在潢河（今西辽河上游西拉木伦河）和土河（今老哈河）流域。契丹最早见于史籍是在齐人魏收所撰的《魏书》之中。该书不仅记载了契丹人与北魏王朝交往的情况，而且记载了契丹八部的名称。据载，契丹当时生活在“和龙（今辽宁朝阳）之北数百里”，常以名马、毛皮入贡北魏朝廷，并在密云、和龙等地与北魏进行贸易交换。

图 5－1 天宁寺塔建于辽代，是一座八角十三层的密檐式实心砖塔，总高 58.42 米，造型稳重挺拔、雄伟壮丽，是辽南京城的标志性建筑，也是辽代的代表性建筑物（朱祖希 摄）

图5-2 天宁寺塔身浮雕金刚力士、菩萨、云龙等纹饰，形象生动，有很高的文化艺术价值（朱祖希 摄）

从记载中可看出，早在6世纪前后，契丹就与幽州地区发生了经济联系。天保四年（553），北齐曾大败契丹，“虏获十万余口、杂畜数十万头”[①]。这就反映出契丹在后来又有了很大的发展。隋朝时，契丹已发展到10个部落，并开始形成松散的部落联盟。贞观年间，契丹曾举部附唐。贞观二十二年（648），唐朝在契丹人居住集中的地区设立松漠都督府，并按唐制将其部落改为“州”，各部首领称刺史。这时，契丹在政治上成为唐统辖下的一级地方行政机构。但实际上，州和刺史都只是唐廷所加的称呼，契丹内部实行的仍是传统的部族管理方法。据记载，契丹当时有“胜兵四万三千”[②]，若加上老弱人口，总人口数应当逾十万。到武则天时，由于唐朝经管契丹事务的营州都督赵文翙的错误态度和做法，激起契丹大规模反抗，曾大举进攻幽州（今北京）、瀛州（今河北河间）等地。当时唐朝依靠燕山北部奚族的力量，才击败契丹。由此也可以看出，当时的契丹已有相当的实力。此后契丹一度发生内乱，依附突厥，开元（713—741）年间，又恢复了与唐王朝的关系。

①② 《旧唐书》卷一九九《契丹传》。

辽太祖耶律阿保机先祖所在的部落由于“喜稼穑，善畜牧，相地利以教民耕”[①]，农业得到了较大的发展。社会的进步使奴隶主地位更为显贵。阿保机利用强大的军事力量，连年对邻近的其他民族和云、朔、幽、蓟等汉族地区大肆征讨和掠夺，同时费尽心机战胜内部的异己势力，终于在907年一举登上了部落联盟长的宝座。此时唐王朝灭亡，中原已经进入五代十国时期。辽太祖耶律阿保机废除了原始的部落选汗制，燔柴告天，夺取契丹部的最高权力。阿保机统治的地区也扩展至“东际海，南暨白檀（今河北滦平），西逾松漠（一说为今西拉木伦河流域及老哈河中、下游一带），北抵潢水（今西拉木伦河）”的广大地域。阿保机于916年称帝建元，都临潢。938年，其子耶律德光（辽太宗）进据燕云十六州，升幽州为幽都府，立为“南京”，实为陪都。947年改国号曰辽。960年宋朝继五代之后定都汴梁，遂形成宋、辽对抗的局面。

唐朝在契丹地区设松漠都督府并建立州制，在当时虽未能改变契丹部族制性质，但却起了催化、瓦解的作用，并使这一地区较早地接触到中原的管治方法。幽燕地区的长期战争，更使该地区接触到具体的汉文化。这对以后契丹较快摆脱原始制度，建立国家产生了积极的影响。

因此，契丹南下并把“南京”作为陪都之后，“南京”就自然而然地变为一座促进南北交流、民族融合、社会发展的重要城市。这除了北京这个地方本身所具有的历史地理条件之外，还和契丹族的活动，以及契丹族具有极强的包容性、进取心的民族特征有很大关系。

契丹早期对幽燕地区作战的主要目的是进行掠夺，并未有长期占领的打算。但到阿保机登基之后，随着国家的建立，契丹在对待幽州的态度上也发生了明显的转变，即从一般的掠夺转为攫取土地、占领城池。而从幽州所在的地理态势而论，有两处与生死攸关的咽喉要地：一是东部的辽西走廊及平、营诸州；二是西部的居庸关和山后诸州。这两处是北方游牧民族南下的主要通道。

幽州东北700里有渝关（即今山海关，辽称渝关），下有渝水通海。自渝关沿海向北，最狭处仅数尺。这里西临群山，东濒渤海，是辽西走廊的西北出口。因此，自唐以来常驻重兵扼守关口以防范东北民族入塞。五代初，今

① 《辽史》卷五九《食货志》。

军都山以西称“山后”，那里的中原驻军被称为“山后八军”。此地是北方民族南下幽燕的又一通道。草原骑兵常自今河北康保、张北、万泉一线南下，经今张家口等地进攻山后诸州，然后入居庸关攻幽州。山后诸州又是幽州与大同之间的中间地带。古往今来，幽燕与云朔一直是互相接应的联防区。山后诸州一旦失守，幽州便失去了大同的增援，立即陷于孤立的境地。因此，燕云十六州始终是中原王朝抵御北族南下的前哨基地。所谓“燕云十六州”，即幽（今北京）、蓟（今天津蓟县）、瀛（今河北河间）、莫（今河北任丘）、涿（今河北涿州）、檀（今北京密云一带）、顺（今北京顺义）、妫（今河北怀来）、儒（今北京延庆）、新（今河北涿鹿）、武（今河北宣化）、云（今山西大同）、应（今山西应县）、朔（今山西朔县）、寰（今山西朔县东北）、蔚（今河北蔚县）诸州，它既是中原王朝的屏障，也是北方少数民族入主中原的必争之地，契丹人当然也深知其战略价值。后唐节度使石敬瑭以此作为交换条件，希望契丹支持他向后晋夺权，并甘心充当契丹的儿皇帝。契丹人欣然接受了这一优厚条件。当会同元年（938）石敬瑭遣使送来燕云十六州图籍之后，契丹国太宗皇帝耶律德光立即决定升幽州为契丹国的南京，不久即将其国号改称“大辽”。

事实上，辽太宗野心勃勃，其军事目标不仅是燕云地区，而是整个中原。他之所以升幽州为南京，正是想把这里当作一个前哨，以便继续进击中原。幽燕地区人口稠密，农业经济发达，物产丰饶，其经济文化和生产发展水平远远高于契丹本部，将幽州建为陪都——南京也就更有利于统治广大汉族居住的地区。可以这样说，如果没有燕云地区，没有辽南京城的设置，便不可能有辽代的兴盛，当然也会直接影响到以后金、元等朝的南北交融和全国的大一统。所以，契丹升幽州为南京，对北京这个古老的城市来说，是在其历史的发展中揭开了新的一页。

二、 辽南京道的设置及其功能

《辽史·地理志四》专门讲述了南京道的设置，其中“南京析津府条”这样写道：“城方三十六里，崇三丈，衡广一丈五尺。敌楼、战橹具。八门：东曰安东、迎春，南曰开阳、丹凤，西曰显西、清晋，北曰通天、拱宸。坊市、廨舍、寺观，盖不胜书。其外，有居庸、松亭、榆林之关，古北之口，桑干河、高梁河、石子河、大安山、燕山。中有瑶屿。”

自辽太宗耶律德光占领燕京以后，其间经世宗、穆宗、景宗，到圣宗中期以前，燕京主要是辽朝南部边境的军事指挥中枢和基地。

上京临潢府（今内蒙古巴林左旗），建于神册三年（918），称皇都。天显元年（926）扩展城郭，起建开皇、安德、五銮三大殿，这里是契丹的发祥地与心腹地带，也是契丹的总政治中心、有辽一代的都城所在地。其次是东京辽阳府（今辽宁辽阳），这里原是渤海国故地，阿保机平渤海后改称东平府，太宗天显三年（928）于此置南京，当幽州称南京后，这里便改称东京，其主要任务是管理渤海国旧地。南京析津府（幽州，又称燕京）的设立是在938年以后，南京城在辽朝圣宗时达到了鼎盛时期，经济发展很快，人口也大量增加。由于上京与南京之间相距过于遥远，无论从行政管理，还是与奚族地区的联络来说，都需要在上京和南京之间设置一座中心城市。于是，便在圣宗统和二十五年（1007），在前奚王牙帐地建立了中京大定府（今内蒙古赤峰市宁县），一来成为上京和南京的衔接地，二来以此为中心管理奚族地区。至于西京大同府（今山西大同），则是在辽朝中后期，为联络西夏、控制西南招讨司而设的。西京建于兴宗重熙十三年（1044），从战略上看正好与燕京成掎角之势。

辽以幽州为南京，不仅是将其作为陪都，而且它还起着统领整个幽燕地区的作用。《辽史·百官志》载：“以国制治契丹，以汉制待汉人。”当时辽朝中央政府实行“南北院”的双轨制，南院治理新占领的汉族地区。仿效内地设枢密院，设中书省、门下省、尚书省；地方政权亦设州、县两级，州设刺史，县设县令。辽占幽州就是要把它作为南方的一个政治中心，以经营南侵事务。因此，辽朝在这里设置了南京道。

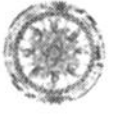

道的建置始于唐朝贞观年间（627—649）。初根据全国形势将全国分为十道，后增为十五道。辽袭唐制，分全国为五道，五京分别为各道首府，又称五京道。辽南京道是在唐代范阳镇的基础上建立起来的，曾兼领卢龙军。所以，辽南京最初军号卢龙。石敬瑭割让“燕云十六州”之初，曾有7个州划归卢龙统属，即幽、蓟、瀛、莫、涿、顺、檀。另外，东部的平州（今河北卢龙）和营州（今河北昌黎）早在辽太祖天赞年间（922—926）就被契丹占领，并建立了滦州，统归卢龙管辖。会同九年（946），易州守将孙方简又以该州及所属三县归附。这样，辽初南京所辖地区，南部边界达保定、高阳一线（即河北中部），北抵燕山，西界军都山，东至大海。

辽圣宗开泰元年（1012）以后的南京道共辖府一——析津府以及节度州一——平州。析津府和平州之下又有刺史州8个。这样，在辽南京道的周围便形成了这样一种态势：在它的西部是辽朝西京大同府的管辖区，即所谓云朔之地和山后地区。这个地区既是辽南京的军事联防区，又是经济上相互支援的重要地带。北部以燕山为界，是辽的中京地区，包括现在的河北承德和内蒙古赤峰市南部，是中原的农业经济向北方的游牧经济过渡的地带。南京道的东北穿过辽西走廊即与辽朝的东京辽阳府衔接，南部则直接与中原的宋朝接壤。历史上的幽燕地区，向为中原北部边塞，而进入辽代以后，它反而成为辽朝的南大门和南方的军事重镇。因此，辽朝南京以及南京道的设立与经营，亦为以后的金、元两代确立中心都城奠定了较好的基础。

契丹人久居北方草原，而且地域辽阔，生活在境内的不同民族有着各自的习俗。辽朝为了加强契丹政权的统治，施行了契丹皇帝四时巡抚的“捺钵制度”：契丹皇帝在每年的春、夏、秋、冬四季，以到各地狩猎或者避寒暑的名义，召集臣僚商议军政大事。这种制度称作“四时捺钵”。辽朝的“五京制”就是据此而设的“统一管理和区域自治相结合的政策”。五京即南京幽州府（后又改为析津府）、东京辽阳府、西京大同府、上京临潢府、中京大定府，是辽朝设在各地的政治中心，但皇帝处理政务并不完全在五京之内，而是随着“捺钵”活动，在各地郊野的“行在”处决定军机大事。

由此可见，辽代五京的建设是随着政治、军事形势的变化和需要而逐步建立起来的，并各自成了所在地区的政治、军事中心。而从辽朝所统治的范围看，五京实际上已构成了既相对独立，又互有联系的城镇体系。

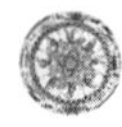

三、南京城的空间格局

南京道是辽朝人口最多的地区，计有24.7万户，人口有一百多万。南京城郊人口约30万。从其民族成分来看，有汉、契丹、奚、渤海、室韦、女真等，但仍以汉族为主，契丹人次之。

时隆礼《契丹国志》记：“南京户口三十万，大内壮丽。城北有市，陆海百货聚于其中。僧居佛寺，冠于北方。锦绣组绮，精绝天下。膏腴蔬蓏果实稻粱之类，靡不毕出，而桑柘麻麦羊豕雉兔，不问可知。水甘土厚……既筑城后，远望千里间，宛然如常，回环缭绕，形势雄杰，其用武之国也。”

辽南京城的位置在今北京西城区广安门内外一带，沿袭幽州旧城。其北垣在今白云观西北不远处至受水河胡同（臭水河胡同，今西长安街南侧不远处）一线；东垣在今西城区烂缦胡同（烂面胡同）和法源寺东侧至校场五条一线；西垣在今白云观西侧；南城墙在今右安门内西街。其城周长约 23 里。由于久为军事重镇，所以城墙高大而坚实。

关于辽南京城的城门，《辽史·地理志》载：“南京城有八门：东曰安东（东面偏北之门，简称东北门）、迎春（东南门）；南曰开阳（南东门）、丹凤（南西门）；西曰显西（西南门）、清晋（西北门）；北曰通天（北西门）、拱辰（北东门）。”另据《辽史·太宗纪下》载：“会同三年（940）四月，辽太宗耶律德光至燕，备法驾，入自拱辰门。”如上所述，拱辰门即辽南京（燕京）北东门。耶律德光自塞外西行入东北口，经牛栏山，渡白河而向西南行，正直入此门。考证证明，辽南京城不但城池沿袭唐幽州城之旧，其城门名称也多承袭旧号。如辽南京城东北门称“安东”，意即“安抚其东”之渤海国人。幽州之东即是契丹之地，因此，契丹人不可能在此立安东门。在幽州地，“安东”只可能是“安抚”包括契丹在内的“东夷”之意。此外，“开阳坊”当得自唐幽州城的开阳坊；清晋门的名称亦仍旧。迎春、丹凤等门大约也是仿唐长安、洛阳宫苑的名称而立的。如唐长安大明宫的正门称丹凤门，辽南京城丹凤门的方位正与之相仿。又如，唐洛阳的城郭的东中门称建春门，神都苑的东南门称望春门，与其相对应的称迎秋门。辽南京的迎春门和唐洛阳的建春门、望春门，命名意义一致，且都在城东南隅，亦显示出移袭唐城的痕迹。

宋大中祥符五年（1012），王曾出使辽国，其《上契丹事》称：“渡卢沟河，六十里至幽州，伪号燕京。子城就罗郭西南为之。”路振《乘轺录》又记有“子城幅员五里，东曰宣和门，南曰丹凤门，西曰显西门，北曰子北门”。

辽南京城的建立使古老的幽州在城市地位和性质上都发生了重大的变化。但当时就城市的规模和建筑而言，除在城的南部正式建了一座皇城，城内增添了一些新的衙署，近郊增添了一些皇帝的行宫、御园和辟治了一些风景园林之外，城垣、街巷的变动都不大。

1. 皇城和宫室

辽南京的皇城，实即原幽州子城（亦称内城）。《辽史》中关于皇城的记载有两次。第一次在辽太宗会同三年（940）十二月，“丁巳，诏燕京皇城西南堞建凉殿”。第二次在兴宗重熙五年（1036）五月，“诏修南京宫阙府署”。[①] 在澶渊之盟后，当时辽朝国力还相当强盛，可能对皇城内的建筑有一次大的修缮，而且建造得很朴实坚固，如仁政殿，至金世宗大定二十八年（1188）时，已届150年。世宗对其宰臣说：“广宫殿制度苟务华饰，如不坚固，今仁政殿辽时所建，全无华饰，但见他处，岁岁修完，惟此殿如旧，以此见虚华无实者不能经久也。”[②]

一般的城市，皇城在城正中偏北，而辽南京的皇城却在西南。这是因为南京城西南自古燕国始便是宫殿区，后来又是幽州藩镇衙属。唐朝中期，安禄山叛乱，史思明在幽州称帝，这里已变为临时的小皇城；五代初刘守光建大燕，又在此增修宫室。辽太宗会同三年（940）修建凉殿时在“皇城西南堞”。[③] 可见这座子城和其中的宫殿在割让幽州前已经存在。契丹人不大拘泥于中原礼数，占领幽州之初又没有进行大规模改建，于是利用原来的子城和宫室作为自己的皇城。这种设置，避免了割断城市主要交通干线。

《辽史·地理志》载：“内门（殿门）曰宣教”“外三门（宫门）曰南端、左掖、右掖”。辽圣宗统和二十四年（1006）改“南京宫宣教门为元和门”“左掖门为万春，右掖门为千秋”，南端门改称启夏门。其北的外朝门——元和门，犹如清紫禁城的太和门，其内即正殿元和殿。

皇城建于西南隅，俗称“大内”。路振《乘轺录》云：“内城（即皇城）幅员五里，东曰宣和门，南曰丹凤门，西曰显西门，北曰衙北门。”衙北门乃唐幽州节度使衙署所在，故称“衙北”，实即“子北门”。

值得注意的是，辽南京城的西南门也称显西，南西门也称丹凤，与皇城的西门、南门名称相同。这也再一次证明，辽南京城的皇城是傍着大城的西南隅而建的，其南墙也就是南京城垣。

辽南京皇城城门的设置和使用方式，反映了契丹族文化与汉文化的融合。

---

① 《辽史》卷一八《兴宗纪》。
② 《辽史》卷四《太宗纪》。
③ 《辽史》卷四《太宗纪》。

契丹族限于唐、五代幽州城子城的旧格局，同时又受汉族“面南而主”文化观念的强烈影响，宫殿皆面南而立，并以南门（元和门、启夏门）为正门。但在皇城四门的实际功能上，“内城三门不开，只从宣和门出入”。而宣和门是辽南京城东门，这是因为契丹族有拜日之俗，以东为上。

皇城的正门启夏门两侧有两个小门，即左掖门和右掖门。左掖门后改名为“万春”，右掖门后改名为“千秋”。皇城平日只开东门宣和门出入，其余门一般不开，内有巍峨的宫室殿堂、楼台。早在唐代，幽州子城就有紫微殿、听政楼、逍遥楼。辽太宗于会同初年入燕，曾在元和殿理事，可见元和殿也是以前旧有。燕京归辽后，宫殿更为完备，除原有宫殿外，又有永兴宫、积庆宫、延昌宫、章敏宫、长宁宫、崇德宫、兴圣宫、永昌宫、延庆宫、太和宫、延和宫；还有清凉殿、嘉宁殿，又有景宗、圣宗两座御容殿，并有五花楼、五凤楼、迎月楼、乾文阁、天膳堂等。在这些宫殿中，元和殿是皇帝莅临南京举行大典的地方。皇帝平时在这里接见群臣，打了胜仗在此受百官朝贺。皇帝御试进士的典礼也在这里举行。

皇城西南角还建有“凉殿”，东北隅有燕角楼。《辽史·地理志》载：辽南京城“西城巅有凉殿，东北隅有燕角楼”。据记载，辽代曾在各地广建凉殿。所谓“凉殿”，据考证与后世建于宫城四角的角楼相似。辽太宗于会同三年（940）到南京时，下诏建凉殿于皇城西南堞。张家口地区文物工作者曾在今沽源境内闪电河畔发现一座砖砌的高台建筑，坐西朝东，上为半圆券顶，西面封闭，其余三面敞开通风，似现在体育场之观礼台。当地人称为萧太后梳妆台。这符合契丹族东向朝日的习俗，因而有人认为这就是辽代的“凉殿”。如果这个推测不错，那么设在南京皇城西南角上的凉殿，当是一座居高临下的建筑。此凉殿为会同三年（940）所建，很可能就建筑在皇城的城墙之上。站在凉殿上，东北可望皇城内起伏的宫室、殿宇及燕京全城；东南可观滔滔的桑干河及郊外风光。当时，越过皇城南墙有一块很大的空地。这是契丹贵族端午射柳、打马球的地方，又是皇帝的阅兵场。站在凉殿上还能看到场地里的各种活动。南京城的其他建筑多按照中原皇室格局，唯这座凉殿建筑可以说是独具契丹风格。

今北京西城区广安门以东不远处的南线阁、北线阁，据明人张爵《京师五城坊巷胡同集》记，今南线阁在明时称“燕角儿”。“线阁”是“燕角儿”的转音。因此，该“燕角儿”应是辽燕角楼的遗址。具体来说，今日的南线阁稍东、地势较高的老君台，即可能是燕角楼的基址。而由燕角楼的方位，我们可以大致推测出辽南京皇城的东界，即在今北京西城区菜园街南线阁偏东的南北一线。

丹凤门外是契丹皇室的毬场。契丹人善于骑射，素以马上击鞠，即所谓马球为戏。辽统和四年（986）十月，圣宗幸南京，“甲子，上与大臣分朋击鞠”①，即在丹凤门外毬场进行。不仅如此，由于这里毗邻皇城，所以南京城的几件重大政治事件都发生在这里。辽末，保大二年（1122），金军南下逼近南京，天祚帝出居庸关西奔，辽南京城储臣立秦晋国王耶律淳为帝，号宣宗。同年六月，耶律淳崩，太尉李处温欲挟持萧后降宋，四军大王萧干“先集辽骑三千，陈于毬场，会百官，议立燕王（淳）妻萧氏为皇太后，权主军国事”②，萧太后遂即位。同年十二月，金军攻陷辽南京。金主阿骨打遣使催促（辽南京）宰相文武官僚僧道父老出丹凤门毬场内投降，“皆拜服罪”③。

丹凤门外、毬场之东有永平馆，是辽朝接待宋使的驿馆。宋使王曾的《上契丹事》云：“南门外永平馆，旧名碣石馆，请和后易之。”即是说永平馆原名碣石馆，宋辽澶渊之盟（1004）以后改称永平馆，取太平之意。

辽南京皇城内有数座宫殿，乃契丹主巡幸南京时的驻跸之所。契丹主经常在这里举行朝贺、议政和邀宴等活动。《辽史·太宗纪下》载：会同三年（940）四月庚子，辽太宗至南京，“入自拱辰门，御元和殿，行入阁礼。壬子，御史殿，宴晋及诸国使。壬戌，御昭庆殿，宴南京群臣”。

综合史书记载，辽南京皇城内有元和殿、昭庆殿、便殿、内殿、嘉宁殿、弘政殿、紫宸殿等，还有供奉辽景宗耶律贤、圣宗耶律隆绪二帝御像的两座御容殿。

元和殿当为皇宫内的正殿。《辽史·仪卫志四·仪仗》载：“会同三年（940），上（指辽太宗）在蓟州（今天津市蓟县）观导仪卫图，遂备法驾幸燕，御元和殿，行入阁礼。”《辽史·太宗纪下》也有同样的记载。《五代史》曾有记：“唐制，前殿谓之衙，有仪仗。便殿谓之阁，无仪仗。”辽太宗既入元和殿而行入阁礼，其处为正殿当无疑虑。

在南京元和殿举行的最隆重的仪式，是统和二十四年（1006）册上圣宗

① 《辽史》卷十一，《圣宗纪二》。
② 《契丹国志》卷十一，《天祚帝中》。
③ 《亡辽录》，引自《三朝北盟会编》卷十二。

及其母承天萧太后尊号的盛典。《辽史・圣宗纪五》载:“统和二十四年(1006)九月,幸南京。十月庚午朔,帝率群臣上皇太后尊号曰睿智神略应运启化承天皇太后,群臣上皇帝尊号曰至德广孝昭圣天辅皇帝。”关于册上尊号的仪式,《辽史・礼治五・册皇太后仪》备有详载,至为繁缛。

其他各殿也各有专用:昭庆殿是辽帝与南京群臣欢宴之所;辽景宗、圣宗两座御容殿亦在皇城内,是契丹皇室供奉景、圣二先帝御像以为祭奠的宫殿。当然,辽诸先帝的御容殿也在南京皇城内。据《辽史・地理志》载,辽上京宫室有开皇、安德、五鸾三大殿,中有历代帝王御容;辽东京宫墙北有让国皇帝(名倍,太祖阿保机长子)御容殿;中京皇城中有祖庙,景宗、承天皇后(景宗后)御容殿等。每逢朔望、节辰、忌日,在京文武官员,并赴御容殿致祭。《辽史・圣宗纪二》载:“统和四年(986)十月乙卯,幸南京,十一月戊寅,日南至(即太阳向最南偏斜),上率从臣祭酒景宗御容。”这是在冬至日,圣宗率南京文武官员至景宗御容殿致祭。

2. 衙署

辽朝在南京城内设有数量众多的军队和政府机构,且大多部署在城的南部。《辽史・百官志》载,这些机构包括南京兵马都总管府(重熙四年即1035年改称南京都元帅府)、南京马步都指挥司、侍卫控鹤都指挥使司、燕京禁军详隐司、南京都统军司(统和十二年,即994年,复置南京统军都监)、南京宰相府、南京三司使司、南京转运使司、南京留守司、南京都总管府、南京都虞侯司、南京警巡院、南京处置司、南京宣徽院、南京侍卫亲军都指挥使司、南京栗园伎。此外,还设有南京太学等。辽朝历代帝王宫卫在南京也都设有提辖司。上述这些机构设在南京城内,以为处理政务之所。

辽初,以幽州为南京,并置幽都府处理当地政务。辽圣宗开泰元年(1012)改幽都府为析津府,蓟北县为析津县,幽都县为宛平县。明《顺天府志》载:“崇孝寺,辽乾统二年(1102)沙门了铢作碑铭谓,析津府都总管衙署。宛平县衙在城西侧,析津县衙在城东侧。”

不仅如此,辽南京城里还有不少契丹贵族的府第。王曾在他的《上契丹事》中说:“城南门内有于越王廨,为宴集之所。”这里面的“于越”是契丹的官号,其位相当于汉制的“三公”。

《书・周官》载:“立太师、太傅、太保,兹惟三公,论道经邦,燮理阴阳。”这就是周之“三公”。西汉以大司马、大司徒、大司空为“三公”。东汉则以太尉、司徒、司空为“三公”。“三公”是辅助国君掌握军政大权的最高官员。南京城内的“于越王廨”即圣宗时总管南面军务的于越耶律休哥的衙署。因耶律休哥后来被封为宋国王，故又称于越王，甚至在其死后还建有“耶律休哥祠”。另外，还有“秦越大长公主府第”（后捐赠为“昊天寺”）、“晋国公主府第”（后世舍为佛寺）等。

3. 坊和市

辽南京城坊和市的布局，基本承袭了唐幽州之旧制。我国古代城市规划建设的一般规则，是在城的南北和东西门之间都设置宽阔的大街，以便相互沟通。因此，燕京城内应有沟通八门的四条大街，相互交叉呈井字形，布置在城市的中间。它们是南京城内的主要交通干线。此外，又有许多大大小小的街道沟通四方。这些街道的名称大部分已无法稽考，但在辽代寺院碑刻和应县出土的佛经题记中，发现经常出现的街名有檀州街、燕京左街和燕京右街。上述三条街临近南京城东墙北部的安东门，是东去三河、蓟州的要道；其西是燕京的城北三市，这是商业活动十分集中的地带，与显忠坊、蓟北坊相邻。这里还有达官贵人的府第，有著名的竹林寺，有刻印书籍的作坊。应县出土的《妙法莲花经》就是在檀州街显忠坊门南的“冯家”刻造的；云居寺《大般若波罗蜜多经》又刻有“大唐幽州蓟县蓟北坊檀州街西店”的字样。可见，此地由唐至辽，既能刻石板经，又能印经书。

南京城东南部迎春门内悯忠寺前，也是一条通衢大道。当时的悯忠寺（今法源寺），既是宗教活动中心，又是政治活动的场所。宋朝的官员到燕京，常在这一带进行游览活动。辽朝皇帝由皇城去东南郊延芳淀游幸、打猎，也常从这条街上经过。

燕京西部最繁华的街道在今南线阁、北线阁一线。这里有著名的燕角楼，向南可看皇城内壮丽的宫殿楼阁，向北可通向大市场。这一带是市民进行文化活动的地点。当时，燕京街市相当繁华，各族人民衣着多样，男女老幼东来西往，车辆、驼马络绎不绝。路振在《乘轺录》中说：“（燕京）居民棋布，巷端直，列肆者百室，俗皆汉服，中有胡服者，盖杂契丹、渤海妇女耳。”

由此可见，在辽朝统治南京城的180余年间，仍保持着坊里的旧制。城内街道布局井井有条，宽阔端直。城内八门至少有四条东西、南北交叉的直道。只是辽南京城的迎春门和显西门之间，丹凤门和通天门之间，因中间隔着皇城而不能直接相通。

众多的街道把城市切成一些方块，中间布列着居民住宅，组成“坊”。唐代幽州就有26坊，辽代坊数未变，大多数坊名亦沿用唐代，仅有少数名称可能有所变更。根据唐、辽文献及考古资料，可找出26坊的名称，分别是：罽宾坊、卢龙坊、肃慎坊、归化坊、隗台坊、蓟北坊、燕都坊、军都坊、铜马坊、花严坊、劝利坊、时和坊、平朔坊、招圣坊、归仁坊、棠阴坊、辽西坊、东通寰坊、遵化坊、显忠坊、永平坊、北罗坊、齐礼坊、归厚坊、大田坊、骏马坊。

从这些坊名中我们可以窥测出辽南京这座城市所经历的种种历史变革，以及丰富的社会内容。

北京历史上一向为多民族混居。辽南京的某些坊巷，可能就因少数民族集中而得名。“罽宾”为唐代西域国名，位于今阿富汗东北，盛产铁铜等多种金属，也是我国佛教重要来源地之一。“肃慎”是女真先人，为我国东北的一个古老民族。“罽宾坊”“肃慎坊”很可能集中居住着这两个民族的人。燕京在五代以前，是中原政权联系东北民族的重要地点。“归化坊”即取“夷狄来归，顺服教化”之意；“辽西坊”也反映了幽州与辽西地区的密切关系。

还有些坊名反映了燕京历史演进的过程。如“燕都坊”可能是为了纪念古老的燕国都城；“平朔坊”反映了对北方民族的用兵；“铜马坊”因慕容儁建前燕时，立铜马于蓟城而得名。至于“军都坊”“蓟北坊”则与燕京历史上的县治设置有关。燕京在历史上从来都是南北贸易的商业城市，“劝利坊”便反映了这种特点。

“坊”不只是居民地区的一般划分，它的布局、建筑、管理都有十分严格的规定。每个坊周围筑有墙，坊与坊之间有小巷和街道。坊的出口处有门通街，门上有楼，并悬挂坊额。坊门昼开夜闭，以便对居民进行管理。路振《乘轺录》曾记载辽南京坊巷情况：“城中凡二十六坊，坊有门楼，上署其额。”王曾《上契丹事》亦云：“城中坊门皆有楼。”坊门有额、有楼可能是燕京城市的独特之处，所以宋人十分关注。

关于这些坊的具体位置，大多数已难考证，可以找到线索的有如下几个：

时和坊：《元一统志》云：“归义寺在旧城时和坊内。”归义寺在今广安门大街北，时和坊当在此附近。

棠阴坊：辽代有大昊天寺，为燕京名刹，系秦越大长公主舍棠阴坊私第所建。《日下旧闻考》卷五九载：“昊天寺故址在西便门大街之西。”这也是棠阴坊之所在。

显忠坊：《元一统治》记载，辽代竹林寺是道宗清宁八年（1062）宋楚国大长公主以左街显忠坊之赐第为寺。《日下旧闻考》又说该寺在笔管胡同。因此，显忠坊亦应在笔管胡同附近。它的具体位置，当在闷葫芦罐北、文义园东、下斜街西一带。

蓟北坊：云居寺《大般若波罗蜜多经》题记有“大唐幽州蓟县蓟北坊檀州街西店”的字样，可见蓟北坊与显忠坊都临近檀州街，两坊相连或相对，其地亦应在广安门内大街附近。

铜马坊：据说因慕容儁立铜马而得名。郦道元《水经注》云：“东掖门下，旧慕容儁立铜马像处。”东掖门当是辽代皇城南的万春门。辽代皇城在今广安车站附近，铜马坊应在菜园街一带。

唐代幽州西部为幽都县；东部为蓟县，后又称蓟北县。辽开泰年间改幽都县为宛平县，改蓟北县为析津县。因此，唐代墓志凡属幽都县的坊名，辽代墓志凡属宛平县的坊名，皆在东城。由此可知，“辽西坊”“劝利坊”“平朔坊”“归化坊”等在东城，“军都坊”“招圣坊”“归仁坊”“遵化坊”“东通寰坊”亦应在东城。

辽南京是辽朝五京中最繁华的一座城市，由于皇帝常来南京驻跸，经常有高丽、西夏等各国使节到这里活动。辽宋议和之后，双方每逢节日或有重大庆典都要派使节到贺。宋朝每年有不少官员从南京经过，前往辽朝内地。为了接待这些往来的使者，便在南京城内外建了不少馆舍。当时的悯忠寺，不仅是佛教活动的中心，也是接待宋使和举行重要典礼的场所。

辽南京城的“市”也是承袭唐、五代之旧，仍在城北。辽末宋军和郭药师部攻入辽南京，与辽军“战于三市”，即为其地。宣和七年（1125），许亢宗途经南京城，称其地物产丰富，“锦绣组绮精绝天下，膏腴蔬蓏果实稻粱之类靡不毕出，而桑柘麻麦羊豕雉兔不问可知”“城北有三市，陆海百华萃于其中”。[1]

辽朝初年，辽与后晋有密切的经济关系，除岁币外还遣使驻大梁（今河南开封）贸易。960年宋朝建国以后，初与辽“沿边市易而未有官署”[2]。太平兴国二年（977），宋在镇、易、雄、霸、沧州设置榷场，以犛香、药、犀、象、茶与契丹交易。宋真宗景德元年（1004），订立“澶渊之盟”之后，宋、辽经济交流正常化。宋在雄、霸、安肃军设置三榷场，贸易商品除旧有的以外，又增加缯帛、漆器等，“所入者有银钱布羊马橐驼，岁获四十余万”[3]，贸易额很大。南京城在实际上已成为当时重要的工商贸易城市。由于辽南京商业经济繁荣，辽太宗“命有司治其征”，收税以益国库。

幽州城在辽代成为五京之一，前后相沿近200年，由原先的军事重镇逐渐演变成为区域的政治、经济、贸易中心。辽南京城内众多的军、政衙署和专为王室服务的各种职司的衙署，还有诸亲王、公主的府第，构成了其城市建设中与秦汉以来不同的特色，并初步具备了京师的功能。

四、 南京城与天宁寺塔

幽州地区的佛教肇始于魏晋，兴盛于北朝、隋唐。契丹人崇尚佛教，南京地区便屡有佛寺兴建。据宋朝使臣许亢宗在《宣和乙巳奉使行程录》所记，南京城内“僧居佛宇冠于北方”。宋人洪皓的《松漠纪闻》也说，仅燕京城内和近郊地区，大的寺院就达36座之多，小的寺院则不计其数。在辽朝所统治的领域之内，佛塔、经幢、碑刻等，竟有近一半分布在南京（燕京）所属的各个州县。辽帝诏建佛寺、临幸寺庙、御题寺额等几乎不绝于史。

众多的佛寺大都为临街建筑，不仅显示了南京城宗教文化中心的功能，其形形色色、规模弘蔽不一的寺庙建筑亦为南京城平添了一份壮丽的色彩。特别值得一提的是，辽代的建筑多保留有唐代的建筑艺术风格和特点。现存的辽代建筑，如天津蓟县的独乐寺观音阁和山西省应县释迦塔等所使用的平座暗层的做法，斗拱宏大健硕，檐出深远，具有殿堂和厅堂混合的结构，都有着唐代的遗风。

---

① （宋）许亢宗:《宣和乙巳奉使行程录》。
② 《宋史》卷186《食货志》。
③ 《宋史》卷186《食货志》。

今广安门外的天宁寺，最初名为光林寺。该寺相传建于北魏孝文帝时期，至隋文帝仁寿年间（601—604），光林寺改名宏业寺，并受命安置佛舍利，建佛塔；唐开元年间（713—741），宏业寺又改名为天王寺；金大定二十一年（1181），改名为大万安禅寺；元朝末年，该寺遭遇兵燹，仅存孤塔座；明朝初年燕王令重建、扩建，至宣德十年（1435），改名天宁寺。但建筑学家梁思成、林徽因和史学家史权青先生均否认“天宁寺是北魏光林寺”的观点。

经考证认为北魏、北齐时期的光林寺是一座尼庵。国家博物馆收藏有北齐天统四年（568）光林尼寺静妃石造佛像一尊。座背题记：“天统四年三月一日。光林尼静妃为亡娣造玉像一区，皇帝陛下，一切众生，居间成佛。”

1991—1992 年间大修天宁寺塔，在拆塔刹（宝顶）时，由刹座内拆出一块辽建塔碑，其间称：“大辽燕京天王寺建舍利塔记。皇叔、判留守储路兵马都元帅府事、秦晋国王，天庆九年五月二十三日奉旨起建天王寺砖塔一座，举高二百三尺，相计共一十月了毕。（以下‘提点’‘勾当’建塔僧、俗人名从略）。”

由此可知，天宁寺塔建于天祚帝天庆九年至十年（1119—1120），塔名“天王寺舍利塔”。即或是在明清，乃至民国年间，该塔仍称“天王寺舍利塔”或“天王宝塔”。碑文中主持建塔的皇叔即耶律淳，其父耶律和鲁斡为辽兴宗第二子，乾统初为天下兵马大元帅。耶律淳在其父死后继任，是为皇叔。他在天庆六年（1116）被加封为“秦晋国王，天下兵马大（都）元帅”，其爵、职、时间，均与碑文相符。由此亦进一步证明，唐代宏业寺并非辽代的天王寺。《顺天新志》卷七“寺”中说：“天王寺，在旧城延庆坊内，始建于唐，殿宇碑刻皆毁于火。元朝至元七年（1270）建三门，而梵宇未能完集。”明永乐帝下令重修天王寺，至明宣德十年（1435）改名“天宁寺”。嗣后，明正德、嘉靖年间，清乾隆时期都曾修缮或重修。

天宁寺坐北朝南，规模宏大。全寺平面分中、东、西三路。现仅存中路，有山门殿（韦陀殿），上书“敕建天宁寺”。殿内前供奉弥勒佛，后站持杵韦陀。山门殿后即为前院，正北为接引殿，面阔五间，进深三间，供奉接引佛。殿后为舍利塔院，高大的舍利塔矗立在院中。塔院东西两侧各有配殿，东为药师殿，西为弥陀殿。塔院之后是极为清幽的兰若院。

关于天宁寺塔高，辽代建塔碑已明确记载为 203 尺，折合约 67 米（明清两代的文献都是估计数）。1991 年修缮时实测为 55. 38 米。现已知塔上的宝刹顶为清代所改，高度实测为 3.04 米。这就是说，天宁寺塔总高为 58.42 米。

天宁寺是一座以塔为主体的寺庙。洛阳白马寺、永宁寺等也都是建塔于寺的中心。建于辽代、位于内蒙古奉陵邑庆州的舍利塔寺也是如此。这种把主体建筑佛塔建于寺院中心、寺与塔中点重合的布局，乃是古代大型纪念建筑物的一种建造法则。

天宁寺塔为平面呈八角形的密檐式实心砖塔。塔基为方形平台，底部为须弥座，束腰处的壶门内雕有狮兽头，间柱上浮雕缠枝莲纹饰，转角处雕金刚力士像，塔门层以上为十三层密檐塔身。十三层密檐的交角处有铃，每层密檐的椽子上也都有一铃，大小共 3400 个。清风徐来，铃儿叮咚作响，蔚为壮观。塔的须弥座上还挂有铁灯，三层共 360 盏。飞檐叠拱逐层收束，使塔的外形轮廓形成缓和的弧线，造型稳重、挺拔雄伟，是辽代建筑和雕塑艺术的精品。它既是辽代建筑的代表作，也是研究中国古代佛塔的重要实物。

天宁寺塔的存在，不仅为燕京城增添了独特的风采，而且突破了原先低平的天际线，改变了南京城平缓单调的空间格局。

五、 萧太后运粮河

辽南京城虽然只是辽朝五京中的一个，但其战略地位却为人所共识。上京临潢府是辽朝的政治中心，但偏居北方，鞭长莫及。若要巩固其统治并进而南下中原，南京城的战略地位无可替代。何况，南京城的经济实力非常雄厚，非其他四京可比。从辽太祖耶律德光占领南京后，历经世宗耶律阮、穆宗耶律璟、景宗耶律贤，直到圣宗耶律隆绪中期以前，燕京一直是辽代南部边境的军事、经济重心，起着统领整个幽燕地区的重要作用。所以，辽在这里设有一整套代表中央行政权力的机构，如宰相府和负责管理南京城军政事务的南京留守司、负责财政经济的三司使、南京兵马都总管府等。其后还设有太学等众多地方行政机构。

《契丹国志》记述："南京户口三十万，大内壮丽。城北有市，陆海百货聚于其中。僧居佛寺，冠于北方。锦绣组绮，精绝天下。膏腴蔬蓏果实稻粱之类，靡不毕出。而桑柘麻麦羊豕雉兔，不问可知。"尽管如此，由于南京城庞大的行政机构和众多的城市人口，所以每年不得不从西京（大同）和地处辽河平原的东京（辽阳）等地运调粮食。从西京调运粮食无疑需要驴骡乃至骆驼，从陆路运抵南京城。而从辽河平原征集来的粮食，则需要先从陆路运抵天津，再换驳船河运至潞县（今通州），然后再陆运到南京城。

事实上，从潞县到南京城的数十里路程，人赶畜驮亦非易事，尤其是夏秋之际，雨量丰沛，致使道路泥泞，多有艰难。这样不仅误时，而且所费不赀。辽圣宗统和二十二年（1004），当时已逾知天命之岁的萧太后决定开凿南京城至潞县之间的运河，以通漕运。

1. 萧太后其人

926 年，耶律阿保机在灭了渤海国、班师回朝的途中不幸病故，其子耶律德光即位，是为辽太宗。在此之前，亦即耶律阿保机在位期间，由于追慕汉高祖，竟让自己兼姓“刘氏”。他还认为凡追随自己左右的乙室、拔里，都应以萧何为榜样，遂又将后族一律改姓“萧”。自此以后，“萧氏”的子女都许配给耶律氏，耶律氏的子女又都许配给“萧氏”。因此，有辽一代，萧氏共有 13 位皇后、13 位王储、17 位北府宰相、20 位驸马。萧氏成了辽国仅次于耶律氏的权贵势力。辽代虽也有异姓后妃，但是太后却是清一色姓萧，即萧太后。本节所述的萧太后，是辽景宗耶律贤的皇后——萧绰。

萧绰，又名“燕燕”，生于辽穆宗应历三年（953），乃是皇家内亲、北府宰相萧思温之女。萧绰自幼聪颖美丽，在她入宫为妃之后，很得景宗宠爱。对辽代日渐衰微的国势，景宗虽很想励精图治，但又力不从心，遂极力扶持业已成为皇后的萧绰出来理政。于是，《契丹国志·卷六》中记载：“燕燕皇后以女主临朝，国事一决乎其手。大诛罚，大征讨，番汉诸臣集众共议，皇后裁决，报之帝知而已。”随着时间的推移，年轻的萧绰已经锤炼成为一位成熟的治理国家的政治家。辽国一切日常政务几乎都由她来裁决，甚至还能“亲御戎车，指麾三军，赏罚信明，将士用命”。这也说明萧绰在军事上已显露出非凡的才能。

辽乾亨四年（982）九月，年仅 35 岁的景宗在出猎途中，病卒于云州（大同）焦山行宫。12 岁的耶律隆绪即位，为辽圣宗。景宗遗诏：“梁王隆绪嗣位，军国大事听皇后命。”因此，圣宗在登上皇帝宝座不久，将其年方 30 岁的母后萧绰尊为“承天皇太后”，并由她总揽辽的军国大政，时间长达 27 年（983—1009）。开凿运河的时间在辽宋签订“澶渊之盟”之后。辽圣宗统和二十二年（1004）以前，辽国倾力征战，无暇顾及；而此后的六年，辽宋既和，辽国军民得以休整，国力强盛，萧太后遂专心经营南京城。

历史上家喻户晓的杨家将故事就发生在萧绰摄政期间。故事中的杨老令公（杨业）战败被俘。究其原因，固然是由于北宋皇帝的软弱无能以及潘美的见死不救，致使杨老令公所率军队陷入孤军奋战、寡不敌众的境地——被辽国的20万大军团团围住，继而被俘，直至拒降，绝食而死。但这也充分显示出萧太后出众的军事才能。不仅如此，她一方面下令将杨老令公的头颅割下装入匣中，传送边关各地，以振士气；另一方面，她又非常钦佩杨老令公忠贞不屈、视死如归的英雄气节，遂下令在军事重镇古北口为其修祠，且四时祭祀不断。这就是古北口镇的“杨老令公祠”的由来。这两件事既显示出萧太后的豁达，又表现出其长于心计的政治手腕。

“萧太后运粮河”的开凿，使漕运畅通，辽河平原的粮食可由海运至天津，再经运河直抵南京城中。运粮河的成功开凿，对于巩固辽的统治、繁荣南京城的经济，乃至加强军事上的储备，都起着至关重要的作用。同时，也是萧太后在北京历史发展中的重大贡献。

2. 萧太后运粮河的开凿

997年，宋太宗赵匡义在“高梁河战役”中箭伤复发，不治身亡。其子赵恒继位，是为宋真宗。辽统和二十二年（1004）闰九月，萧太后和辽圣宗耶律隆绪倾辽国的精锐部队，率50余万之众攻宋，其气势异常凶猛。十一月中旬直逼黄河北边的重镇澶州（也称“澶渊”，今河南濮阳）。当时的澶州城横跨黄河，分南北二城，其间以浮桥相通，当时为鼓舞士气、安定军心，宋真宗御驾亲征抵达澶州。然而，宋真宗却抱定了“我应当卑躬屈膝为天下苍生着想”的念头，苟求平安，遂派人与辽媾和，缔结“澶渊之盟”。

“澶渊之盟”有如下要点：

（1）宋辽结为兄弟之盟，宋真宗年长为兄，辽圣宗年幼为少弟，宋真宗称萧太后为“叔母”。

（2）维持原有疆界，以白沟河为国界，双方撤兵（辽归还宋遂城及涿、瀛、莫三州）。此后，凡有越界盗贼逃犯，彼此不得停匿。两朝沿边城池，一切如常，不得创筑城隍。

（3）宋方每年向辽提供绢20万匹，白银10万两。

（4）双方于边境州驻守边界，人户不得越界。

萧太后正是抓住了这样一段相对稳定的“和平时期”，调集军士修凿了“萧太后运粮河”。这条专为漕运开凿的运河西起辽南京城东垣迎春门外（今西城区南横街西街迤东大、小川淀和平渊里一带），往东经今陶然亭、龙潭湖、十里河至老君堂，再经过今西直河、台湖、高力庄，在今张家湾入潞河，全长20多公里。或者说，这条“萧太后运粮河”西起迎春门，与护城河相接，东至通州张家湾。

萧太后运粮河不仅为巩固辽代的政权统治和繁荣南京城起到了非常重要的作用，也成为北京历史上为漕粮运输而开凿运河的先声。

第六章

金中都的城市形态和功能

金在中国北方建立的少数民族政权，在历史上并不是第一个。但把北京作为少数民族政权的首都，并使其政治、军事势力遍及淮水之北，成为中国北方政治、文化中心，却是从金代建立金中都城开始的。

在中国古代都城的发展史上，先后出现过几个历史悠久的、重要的都城。其中一个是陕西的西安，一个是北京。西安是从先秦时期到唐代为止的全国性政治、文化中心，历时数千年；北京则是从元代一直到现在为止的全国政治、文化中心，历时数百年，其中很少有变更。而金中都正是从西安转移到北京来的过渡性都城，既开辟了北京作为全国政治、文化中心的先河，也奠定了北京作为全国政治、文化中心的基础。不仅如此，金以燕京为中都，将中原汉族都城的规划、建设和营国制度引进了北方的幽燕。

金中都“制度如汴”，它是在辽南京城的基础上进行扩建而成的。改造后的中都城，包括外郭城、皇城和宫城，即由南京城的方形“子母式城”格局（即皇城套于外郭城的西南隅）改建成“三套方城”的格局，皇城套于外郭城中央略偏西南，东、南、北三面形成套式，西面是皇城与外郭城共用一城墙。城内的总体布局乃至宫阙制度都法自汴京（开封）。

宋朝的汴京法自汉、唐，金中都则法自汉、唐和汴京，在宫门的作画施彩等装饰上则直接仿自汴京；在都城内外营建的中央官署（如内阁六部、尚书馆、会同馆等）、内省（皇帝的近侍官署）、宗庙、祖陵、学府、寺院、苑囿、园林等均仿自汴京。金中都在中国都城的规划建设上起着承上启下的作用。

金迁都中都城之前，其治国制度就已经进行了多项改革，但在上京继续推进汉化受到自然环境和人文环境的限制。迁都之后金把宗室贵族、猛安谋克户移至中都，以中都为中心，在礼乐、仪卫、职官、文化教育等方面，都采取了一系列强化改革的措施。金朝统治者全面采用中原传统礼乐、仪卫制度“日修月葺，粲然大备”[①]。在官职设置上，大量采用唐、宋制度而略有调整，中央政府置“三师”“三公”“三省”，独置“尚书”而罢“中书”“门下”。两省以下院、台、府、司、寺、监、局、署、所等，大多参照唐、宋设置，“各统其属，以修其职。职有定位，员有常数，纪纲明，庶务举，是以终金元世守而不敢变焉”[②]。地方各级设置官员（包括新扩中原地区）多承袭唐、宋制度。[③] 在文化教育方面，设进士、律、经童、制举、武举、试举、士院官、司天医学等科，“皆因辽、宋制”。[④] 在政治、经济、生活习俗、衣冠等方面，亦进行了大量同中原传统制度保持一致的改革。可以这样说，金中都的规划建设是金全面改革旧制度、采用中原传统制度的重大转变，也是促进民族间互相交流融合的重大举措。

不仅如此，金中都的规划建设，特别是它的总体空间格局，还为元大都、明清北京城提供了诸多有益的借鉴。中都城四周有东、南、西、北四苑。北苑即位于金中都城东北，以琼华岛为中心建设的万宁宫，规模宏大，有多处亭台楼阁。另外，金中都宫城西门外的同乐园、西郊的玉泉山行宫、南苑的建春宫等，经过海陵王、世宗、章宗几代的经营，也都成了以后元、明、清三代的御苑。

总之，自金迁都中都城之后，北京便成为一代王朝的正式帝都。这不仅在北京城的发展史上开启了其成为中国淮水、秦岭以北半个中国都城的先河，使之成为北部中国的政治、文化中心，而且亦为元、明、清三代大一统的王朝定鼎于此，奠定了良好的基础。金国的迁都燕京，进一步促进了中华“北雄南秀”的文化交流，提升并丰富了多元一体的华夏文明。

一、女真族的兴起和辽南京城的扩建

当辽朝与北宋缔结“澶渊之盟”，形成南北对峙的局面时，在东北松花江流域的一支号称“女真”的少数民族，日益强盛了起来。

女真族当时备受辽朝统治者的压榨和勒索，他们不仅要定期向辽廷进贡

① 《金史》卷二八《礼志一》，卷三九《乐志上》，卷四一《仪卫志上》。
②③④ 《金史》卷五五《百官志一》。

各种特产，如人参、貂皮、名马、北珠、蜜蜡、麻布等，而且遭受残酷的民族压迫以及契丹贵族的欺压和奴役。这迫使女真的各个部落逐渐联合起来，纷纷归附于完颜部酋长阿骨打，对辽廷进行武装反抗。

阿骨打为了最终推翻辽朝，遂经营农业，厉兵秣马，积蓄雄厚的物质基础。此后，阿骨打举兵击辽，在不断取得军事胜利的基础上，正式建国称帝，国号为金，并建都于会宁府（今黑龙江省哈尔滨市阿城）。

辽保大二年（1122），金已经占领了辽大部分国土。金在占领了燕山府后，又把它改名为南京，并把原设在平州的南京中枢密院移到了这里。以后金的南部国界扩展到了淮河和陕西宝鸡西南大散关一带。这样，其在华北平原上的统治，也就转入了相对稳定的状态。而原先设立的会宁府，虽地处女真族的发源地，但已远不能满足庞大帝国的需要。换而言之，金都城必须设立在既适合统治关内新领地，又便于控制后方的地区。燕京作为辽的陪都时已具备了封建国都的条件，而且燕京所处的地理位置十分优越，金在灭北宋之后又取得了内地的大片领土，其统治的范围包括东北、华北、西北的近半个中国。因此，迁都燕京已势在必行。

早在熙宗时期（1136—1148），吸取先进的汉文化、改革女真落后旧俗的政治革新工作已在积极地进行，并取得了很大的成绩。而海陵王完颜亮不仅是一位汉文化的向往者——他一直仰慕中原先进的物质文明和汉族传统文化，而且又是以庶长通过谋弑而取得帝位，宗室对他多怀不满之心。这种情况更使海陵王下定了借迁都而彻底打击守旧派贵族，以摆脱他们的阻扰而加速政治革新的决心。

金统治集团内也有人主张迁都。《元一统志》载："上书者咸言上京临潢府僻在一隅，官艰于漕运，民艰于赴愬，不如都燕以应天地之中。"降金的宋人也纷纷献计，据《炀王江书录》，"内臣梁汉臣本宋内侍，进曰：'燕京自古霸国，虎视中原，为世之基。陛下应修燕京，时复巡幸'"。

天德三年（1151），金帝完颜亮在《议迁都燕京诏》中说："昨因绥抚南服，分置行台。时则边防未宁，法令未具。本非永计，只是从权。"在行台既撤之后，"又以京师粤在一隅，而方疆广于万里。以北则民清而事简；以南则地远而事繁。深虑州府申陈，或至半年而往复；闾阎疾苦，何由期月而周知；供馈困于转输，使命苦于驿顿；未可时巡于四表，莫如于经营于两都。眷惟全燕，实为要会，将因宫庙而创官府之署，广阡陌以展西南之城。勿惮暂时之艰，以就得中之制”①，并下令迁都。

天德五年（1153），海陵王正式迁都至燕京，并将其改名为中都；改析津府为大兴府；改汴京为南京开封府；改中京大定府为北京大定府。这样连同原有的东京辽阳府、西京大同府，合称五京，并尽毁上京宫殿、宅第，夷为耕地，所有宗室乃至王陵也都被迁到中都。

海陵王的迁都不仅在金朝的历史上标志着一个新的阶段的开始，就是在北京的历史上也是一个有重大意义的新纪元。从此，北京成为一代王朝的正式首都，并一直延续到元、明、清三代。

金王朝在1141年（金皇统元年、宋绍兴十一年）与宋王朝议和以后，确立了版图。其建制“袭辽置，建五京、置十四总管府，是为十九路”②。以“路”统辖府州，府州下辖县镇。中都附近特设中都路，其中近畿部分为大兴府。中都城内仍沿唐幽州、辽南京城的建置，实行东西部两县分治。辽南京城东部为析津县，西部为宛平县。金中都建立之后，城池扩大，东部为大兴县，西部仍称宛平县。事实上，大兴、宛平两县的属境，并不只是中都城区，还包括了与其相邻的近郊地区。

二、 金中都城的政治功能和规划建设

海陵王完颜亮为了进一步谋求向中原扩展，决定迁都燕京，并在辽南京城的基础上，按照北宋汴京的规制加以改建。《元一统志》载，天德元年（1149）“乃命右丞相张浩、张通，左丞蔡松年，调诸路民夫筑燕京，制度如汴”。同时“令百工写京师（汴京）宫室制度，阔狭修短，尽以授之左丞相张浩辈，按图修之”③。

张浩为渤海人，其祖仕辽而更汉姓。他受汉文化影响甚深，且有政治才能，曾为完颜阿骨打（金太祖）谋划，任“承应御前文字”，即皇帝的随从秘书。金太宗将去东京，张浩为其“提点缮修大内”，有主持修建的经验。《金史·张浩传》载：“天德三年广燕京城，浩与燕京留守刘筈、大名尹卢彦伦监护工作，命浩就拟差除。”天会二年（1124）卢彦伦在新城任地方官时

① 李心传：《建炎以来系年要录》卷一六二，中华书局，1956年，第2650页。
② 《金史》卷二四《地理志》。
③ 《日下旧闻考》卷二九。

曾设计修城，《金史·卢彦伦传》载，“城邑初建，彦伦为经划，民居、公宇皆有法”，实为有修城经验之人。具体负责修建的是梁汉臣、孔彦舟。梁做计划，孔督工，强征人民服役。

到了北宋，中国内地的都城已发展到了一个新的阶段。在布局上，北宋以前都城内的皇城多偏在一隅或一方，如唐长安城中的皇城即偏居城北，而到了宋代的开封城，皇城则居于城的中央位置。金中都是在原有的辽南京城的基础上按照汴京制度扩建的，因之，必须先解决南京城“子城就罗郭城西南为之”的格局，即要改成如同汴京的三套方城那样的格局，就需要把外郭的西城墙向西迁移。《夷坚志》载：“虏天德二年（1150）五月的燕山城隘人众，欲广之，其东南隅曰通州门，西南曰西京门。”这说明了金统治者行将迁都前的计划，即向东、西、南三个方向扩展，并于东南、西南预先标定两个新城门的基址，后为避开燕王陵而改变位置。其中的“通州门”“西京门”估计是修城前暂标的门名。

整个工程分为城池扩建与宫殿兴修两大部分。“炀王亮始营此都，规模多出于孔彦舟，役民八十万，兵夫四十万，作治数年，死者不可胜计。”（《揽辔录》）另又据《析津志》载：“金朝筑燕城，用涿州土，人置一筐，左右手排立定，自涿至燕传递。空筐出，实筐入，人止土一畚，不日成之。”涿州在京南百里，取土筑城是否确有其事虽尚无其他记载佐证，但其城墙高厚，城围又有扩展，远远超过了辽代的燕京，则是事实。修筑宫殿的木材，则取自真定（今河北省正定）潭园。据史书记载，当时曾役使军士民夫达 120 万人，运一根大木的费用多至 20 万两，拖拉一辆满载木材的大车的人数多至 500 人。所有宫殿都用黄金五彩加以修饰，一殿之成以亿万计。其穷奢极侈连宋人见了也为之惊叹。宋范成大在其《揽辔录》中这样写道：“遥望前后殿屋，崛起处其多，制度不轻，工巧无遗力，所谓穷奢极侈者。”[①]

1153 年，宫城竣工，海陵王正式下诏迁都，改南京为中都，西京（大同府）仍旧，另以汴京（开封府）为南京，中京（大定府）为北京，所有宗室也都迁来中都，并尽毁上京宫殿、宅第，将其夷为平地。

建成后的中都城，皇城略居城的中心，宫城居中略偏东；在其前，左有太庙，右有金廷的中央政府和地方衙署；宫城之西有御苑、池沼，这些都是

① 见赵翼《廿二史札记》卷二七“金广燕京”条。

模仿汴京的。中都城门也多沿用汴京的名称，如汴京正北门名通天，金中都正北门为通玄；汴京皇城北门为拱宸，金中都亦设拱宸门；宫城的东华门、西华门之名也都是仿效北宋宫城城门命名的。

总之，金帝完颜亮正是在经营多年的辽南京城的基础上，采用北宋都城汴梁的营建制度，将其扩建成中都城。中都城内皇城、宫城等的布局、设计，博采内地都城建筑的精华，开创了元朝建都城、皇宫的先河，在我国都城和宫殿营造上起着承上启下的作用。

1. 中都城的城垣和城门

金中都是在原辽南京城的基础上，按照宋汴京的营建制度扩建的。中都的皇城大体上是沿用辽南京的皇城，其中的主要宫殿如仁政殿还是辽的旧殿，但是辽南京城的结构，如前文所述是“子城就罗郭城西南为之”，而皇城又偏在外郭城的西南隅，要改成如同汴京三套方城那样的格局，就需要把外郭的西城墙西移，东南两面的城墙也因此向外扩展了1～2公里，只有北城墙仍然依辽南京城之旧。

图6－1　会城门是金中都城的西北门，遗址无存。现建有“会城门公园”，也算是金中都城西北门的标识（朱祖希 摄）

扩建后的金中都城近似正方形，其东西较南北稍长。经实测，西城墙长4530米，南城墙长4750米，东城墙长4510米，北城墙长约4900米。四面城墙合计18690米，约合宋制35里[①]。就目前的实地所见，中都城外城郭的东、南、西三面城墙有遗址可寻：东南城角在今永定门火车站西南的四路通，由此向北经今潘家河沿、魏染胡同、大沟沿胡同至翠花湾，即东北城角，这便是金中都的东城垣；西南城角在今凤凰嘴村，由此向东经鹅房营以北、万泉寺以南、祖家庄南、三官庙南，此一线的南侧正好是与之相平行东流的凉水河，这便是金中都的南垣和南护城河；其西城垣即由今凤凰嘴及其以北一线，与其相平行南流的莲花河即为金中都城的西护城河。

值得注意的是，关于城门的记载屡见歧义，有“十二门”和“十三门”之说。一般认为，大定十九年（1179）在今北海的琼华岛处兴建大宁宫，后改寿宁宫，又改寿安宫。章宗明昌二年（1192）再改万宁宫。金帝为幸此宫方便，遂增辟了光泰门，其时大约在世宗中期，抑或在章宗时才有。因此，金亡后的史籍中不仅记有此门，而且还有“光泰门街”之说。[②]

金中都的外郭城东、西、南面各开三门，北面开四门：东城墙门，北为施仁，中为宣曜，南为阳春；西城墙门，北为彰义，中为颢华，南为丽泽；南城墙门，东为景风，中为丰宣，西为端礼；北城墙门，东为光泰和崇智，中为通玄，西为会城。各门的具体位置分述如下：

施仁门为辽南京城安东门外之中都城门，当在今虎坊桥之西，骡马市大街的魏染胡同南口处。

彰义门在广安门外大街湾子处，湾子之东的深州馆，应在金城之内。

宣曜门在今西城区南横街东口与贾家胡同南口交汇处。

颢华门为中都正西门，在广外马连道蝎子门处。

崇智门在今南闹市口内的东太平街西口和西太平街东口交汇处略偏南。

通玄门在白云观东北方、真武庙之南，当时的通玄门内大街即位于今广卜滨河路西侧，北至通玄门。

会城门据文献记载当在今玉渊潭（钓鱼台）流出之河流入中都城北护城河交叉点之东，亦即今木樨地南河流向东拐弯处的河湾稍南处。

景风门在今右安门关厢南，右安门外大街与凉水河交叉处稍北。

---

① 阎文儒：《金中都》，载《文物》1959年第9期。
② 于杰、于光度：《金中都》，北京出版社，1989年，第23－24页。

丰宣门在祖家庄南、石门村东、西铁匠营村北的凉水河岸。

端礼门在万泉寺偏西南处。

阳春门在今四路通以北东庄村处，北京南站永定门火车站北，南岗子土垣之南。

这里需要说明的是关于金中都城东北“光泰门”的设置。史学界对此屡有歧议，后于杰、于光度先生经研究，提出了如下的看法。他们认为：在中都初建时并无“光泰门”。但金世宗于大定十九年（1179）在今北海琼华岛处兴建大宁宫，后曾改寿宁宫、寿安宫，章宗明昌二年（1192）再改万宁宫。金帝为幸此宫方便，增辟了光泰门。其时至早在金世宗的早期，亦可能在章宗时才辟此门。光泰门内有“光泰门街”。

丽泽门在凤凰嘴以北，其向西通水头庄路即为其关厢一带。[①]

中都城各正门为三洞，其他各门为一洞。

2. 皇城的规模和空间布局

皇城位于大城的中心部位而略偏西南。东西南北开门四座，即东面的宣华门、南面的宣阳门、西面的玉华门，以及北面的拱宸门。其东墙大致在今广安门南、北线阁街偏东的南北线上；南墙在今广安门南鸭子桥东、西的延长线上；西墙则在今广安门外甘石桥南北向河流即莲花河的东岸一线上；其北墙就在今广安门外大街南侧的东西一线上。皇城内的第二重门就是宫城的正南门即应天门（原称通天门），宫城实际上占据了整个皇城2/3的地方。从外郭城正南的丰宣门，经过皇城正南的宣阳门、宫城正南的应天门，出宫城北面的拱辰门，直到外郭城正北的通玄门就是全城纵贯南北的、正中的驰道，其也是金中都城南北向的中轴线。中都城中所有的重要建筑物，都安排在这条中轴线的正中和两侧。经考古发掘证实，今西二环路广安门南段的辅路即是昔日金中都城中轴线所在，大安殿即在今“北京建都纪念阙”西侧的位置。

① 于杰、于光度：《金中都》，北京出版社，1989年，第23－24页。

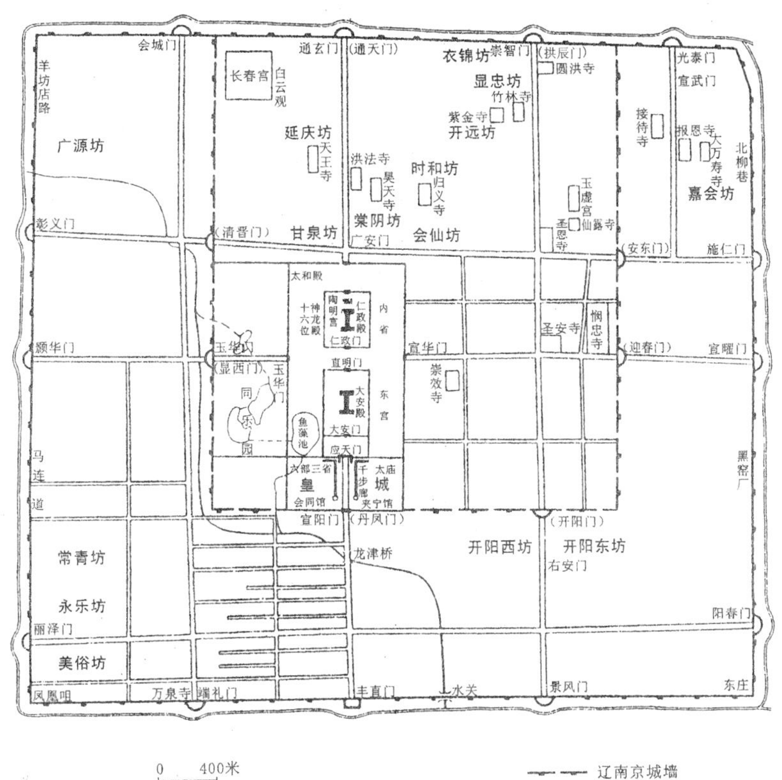

图6-2 辽南京城和金中都城示意图

南宋乾道六年（1170）即金大定十年，宋臣范成大为“奉使大金国信使嗣”，后写有《揽辔录》，对在这条中轴线上见到的建筑有较为具体的描写。楼匙的《北行日录》以及《事林广记》卷二《燕京图志》的“帝京宫阙图”，对该中轴线及其两侧的重要建筑物做了形象的描绘。其平面布局可大致叙述如下：

皇城南门宣阳门内，正中是御道，御道两侧是长廊（称千步廊）。东长廊之东是太庙，太庙之南有一小广场，称球场；西长廊之西，是金廷中央首脑机关尚书省及其六部（吏、户、礼、兵、刑、工部）所在地。东西长廊的南端，分别有文楼和武楼，峙立于宣阳门内的两侧。长廊正北方为东西向广场，它与御道组成“T”字形广场。广场正北是宫城，内即宫殿群。宫城东部、宣华门以内，南部是东宫，北部是内省；宫城西部是御苑——“鱼藻池”的所在地。“鱼藻池，瑶池殿位，贞元元年建。”宫城之外即为同乐园的所在地，其中的湖泊即称太液池或西华潭。而“T”字形广场的西部、宫城

之外，设有登闻鼓院、登闻检院，是受理向朝廷上书的机构。皇城正南门宣阳门内的东侧、太庙和街心毬场之南，设有来宁馆；西侧尚书省及六部之南，则有会同馆。上述两馆都是接待外国使节的所在。

这里有几点值得注意，一是在宫城前由宫城广场和长廊组成的“T”字形广场，乃是唐长安宫城前用横街做广场与北宋汴京宫城前用纵街做广场的一种结合体，是宫城广场的新形制。二是长廊中间共有三条横街，就是宫城正南应天门和左右掖门前有一条阔的横街，长廊的中间有一条阔的横街，宣阳门内侧沿城墙则有一条狭窄的横街。中间一条横街的东侧，是皇城以内的街市所在地。三是金中都皇城驰道两侧的长廊结构与汴京宫城前的千步廊不同，它是以数以百计的一间间廊屋接连而成的。这正如范成大在《揽辔录》中所说的：东御廊“凡二百间，分三节，每节一门”“将至宫城，廊即东转又百许间”。实际上两百多间廊屋分成两节。东西长廊南端的两侧，东为文楼，西为武楼。文楼即钟楼，武楼即鼓楼。这是对唐长安宫城南门建有鼓楼的制度的发展。唐长安宫城南门每天于天明和日落时击鼓，作为早晚报时的信号，且随着各条街上街鼓的敲动，城门和坊门可随时开闭。金中都在皇城南门左右设有钟鼓楼用作早晚报时，这成为后来元代大都城中建设钟鼓二楼的先声。

3. 壮丽的宫城

中都城内的宫城建设得非常富丽堂皇，穷奢极侈。

南宋乾道六年（金大定十年，即1170年）闰五月，资政殿大学士范成大奉命出使金国。他在《揽辔录》中对其所见所闻做了比较详细的描述：

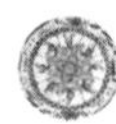

> 丰宣门即外城门也。过石玉桥，燕石色如玉。上分三道，皆以栏楯隔之。雕刻极工；中为御路，亦栏以杈子（朱栏）；两旁有小亭，中有碑曰龙津桥。入宣阳门，金书额，两头有小四角亭，即登门路也。楼下分三门，中门为御路，常阖，皆画龙；两旁门通行，皆画凤。入门北望其阙。……东西廊中，驰道甚阔，两旁有沟，沟上植柳。两廊屋脊，皆覆以青琉璃瓦。宫阙门户，即纯用之。驰道之北，即端门，十一间，曰应天之门。旧常名通天，亦开。两挟有楼，如左右升龙之制，东西两角楼，每楼次第攒三檐，与挟楼接，极工巧。端门之内，有左右翔凤门，日华、月华门。前殿曰大安殿……东宫；墙内亭观甚多。直北面南列三

门，中曰集英门，云是故寿康殿，母后所居；西曰会通门……宣明门，即常朝后殿门也……入仁政门，盖隔门也，至仁政殿下。大花毡可半庭，中团双凤，两旁各有朵殿，朵殿之上两高楼，曰东西上阁门，两旁悉有帘幞，中有甲士。东西两御廊，循檐各列甲士：东立者，红茸甲，金缠杆枪，黄旗画青龙。西立者，碧茸甲，金缠杆枪，白旗画青龙。直至殿下皆然。惟立于门下，皂袍持弓矢……由露台北行入殿堂，金主幞头，红袍玉带，坐七宝榻，背有龙水大屏风，四壁帘幕，皆红绣龙，拱斗皆有绣衣。两楹间各有大出香金狮蛮地铺，礼佛毯可一殿。两旁玉带金鱼，或金带者十四五人，相对列立。遥望前后殿屋，崛起处甚多，制度不轻，工巧无遗力，所谓穷奢极侈者。

他还特别指出："炀王（即金海陵王）亮始营此都，规模多出于孔彦舟，役民夫八十万，作治数年，死者不可胜计。"并说："制度强效华风，往往不遗余力。"

宋使范成大的描写虽未及宫城全貌，但由此亦足可见中都宫城的壮丽景观。根据《揽辔录》《大金国志》《金史·地理志》《北行日录》等文献的记述，中都城中的建筑及其格局大体可归纳如下：

中都的宫城是在辽南京城（燕京）子城中宫殿区的基础上扩建而成的。这已被史书记载和考古发掘所证实，据实测，周围约 5000 米。这与《金虏图经》（《日下旧闻考》卷二九引）、《大金国志》卷三三《燕京制度》所说"城之四周凡九里三十步"之数相符。在宫城之内又有多座宫殿，如皇帝所居的昭明宫、帝后居住的隆微宫、皇后所居的中宫（蕊珠宫）、太后居住的寿康宫、太子所居的东宫、妃嫔所居的西宫（又称十六位）、皇帝处理政务的泰和宫等。每座"宫"又有多座殿、阁、楼、亭等。除正殿大安殿、正便殿、仁政殿之外，宫城里还有寿康殿、承华殿、泰和殿、庆宁殿、崇庆殿、神龙殿、鱼藻殿、安仁殿、隆德殿、临芳殿、广武殿、勤政殿、庆和殿、广仁殿、庆春殿、清辉殿、天香殿、芳明殿、光德殿、皇武殿、贞元殿、垂拱殿、厚德殿、崇政殿、福安殿、枢光殿、睿思殿、瑶池殿、横翠殿、昭明殿、隆徽殿、瑞像殿、蕊珠殿、瑞宁殿、回春殿、鸾翔殿、承徽殿、崇义殿、迎晖殿、嘉福殿、滋福殿、咨正殿、迩英殿、集贤殿等，总数达 46 座之多。其

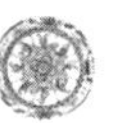

宫殿之多，规模之宏伟，在北京地区的历史上是空前的。① “宫阙壮丽，延亘阡陌，上彻霄汉，虽秦阿房、汉建章不过如是。”② 对此，金统治者很是得意。金章宗曾用绝句表达他的心迹：“五云金碧拱朝霞，楼阁峥嵘帝王家。三十六宫帘尽卷，东风无处不扬花。”③

宫城正南的应天门，高八丈，阔十一间，下列五个门道，左右并有行楼。应天门后则为仁寿门，左右为日华门、月华门，门内即是大安殿。

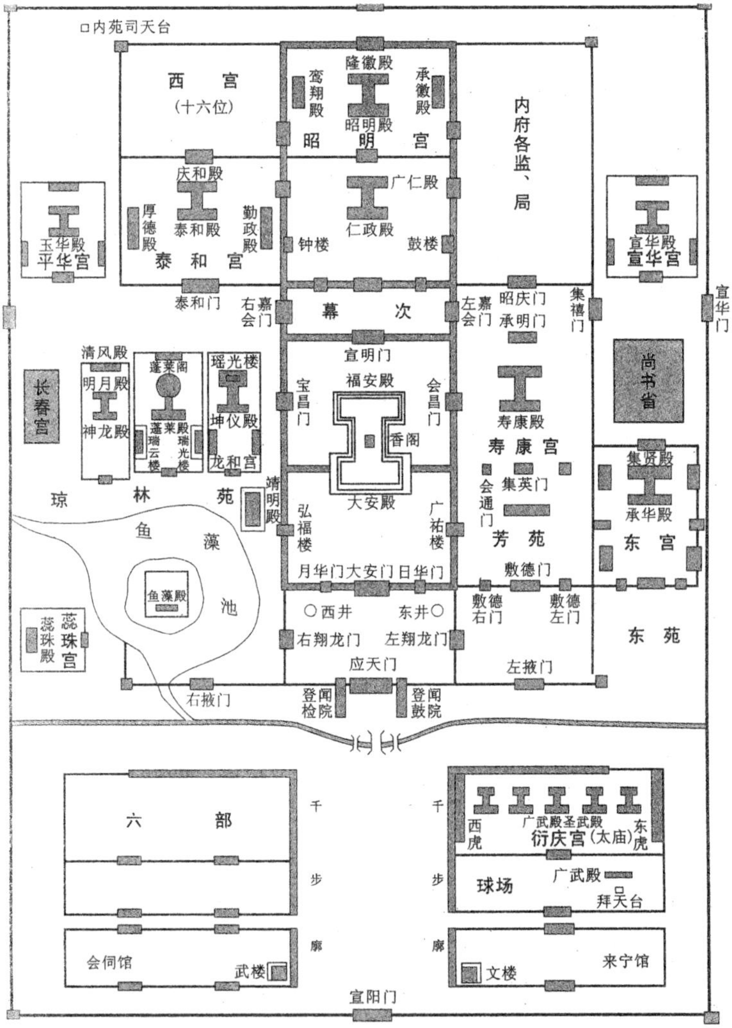

图6－3　金中都皇城、宫城复原示意图

① 曹子西：《北京通史·金代卷》，中国书店，1994年，第53页。

②③ 《日下旧闻考》卷二九引《海陵集》。

《荀子·王霸》："得道以持之，则大安也。""大安"有长治久安之意，大安殿是皇帝举行盛大庆典的地方。《金史·礼志》写得很明白："凡受尊号，百官受于大安殿庭，皇太子册立，设御座于大安殿。"大安殿也是宫中规模最大、规制最高的建筑，其殿门九间开阔，大殿为十一间开阔，朵殿各五间，行廊各四间，东西廊各六十间，中起二楼各五间：左曰广祐，后对东宫；右曰弘福，后有数殿。

大殿以后为宣明门，再后为政和门（仁政门），门内为仁政殿。大殿九楹，前设露台，殿两旁有朵殿。朵殿上两高楼称东西上阁门，中有钟鼓楼，其规模比大安殿要小得多。

应天门东为左掖门，其后为敷德门，再后为会通门和承明门。东通城外有集禧门，西通中路有左嘉会门（到宣明门以内）；直北为昭庆门，再北即为宫城北墙。

应天门西为右掖门，隔一间院子，东通中路有右嘉会门（到宣明门以内），靠西有长方形水池，西北有蓬莱阁，再北到宫城北墙。会通门以东还有太后所居的寿康宫及太子所居住的东宫。

值得注意的是，金代原本并不设宗庙，只是到了建设金中都城时，才在千步廊之东建太庙，并命名为衍庆宫。据《金史·礼志》载，天德四年（1152）于燕京建原庙，名其宫曰衍庆。殿曰圣武，阁曰崇圣。大定十七年（1177）在圣武殿以西起建世祖神御殿，圣武殿以东起建太宗、睿宗神御殿。大定二十一年（1181）又将许多祖先御容奉安到崇圣阁和燕昌阁。另外建有大圣安寺，寺中有金世宗、章宗二像，亦有原庙性质，明中统以后改名普济，地点在今右安门内南横街西口。[①]

金从天德以后，开始有了南北郊祭和祭日月的礼制，设南郊祭坛于丰宜门外，北郊置方丘于通玄门外，朝日坛（坛名"大明"）于施仁门外，夕月坛（坛名"夜明"）于彰义门外。明昌五年（1194）、明昌六年（1195）又先后在景风门外建风师坛、高禖坛等。

社稷坛是帝王祭祀土神谷神的地方，也是都城建设中不可或缺的。大定七年（1167）又建社稷二坛。"社为制，其外四周为垣，南向开一神门，门三间，内又四周为垣，东西南北各开一神门，门三间，各列二十四戟。四隅

① 《日下旧闻考》卷六三。

连饰罘罳（fú sī，古代的一种屏风，设在门外），无屋，于中央覆以黄土，其广五丈，高五尺。其主用白石，下广二尺，剡其上，形如钟，埋其半。坛南，栽栗以表之。……近西为稷坛，如社坛之制而无石主。四壝门各五间，两塾三门，门列十二戟。壝有角楼，楼三面皆随方色饰之。馔幔四楹，在北壝门西，北向。神厨在西壝门外，南向。廨在南围墙内，东西向。有望祭堂三楹，在其北，雨则于是堂望拜。堂之南北相向有斋舍二十楹。外门止一间，不施鸱尾。……祭用春秋二仲月上戊日，乐用登歌，遣官行事。”①

金代的郊祀，依女真旧俗有“拜天”之礼，如金太宗即位就告祀天地，但仅设位而祭。天德后期迁都中都城之后，才开始制定郊祀的制度。至大定、明昌年间，在中都举行各种郊祀的礼仪才完备起来，如南郊祭坛“圆坛三层，成十二陛，各楼辰位。壝墙三匝，四面各三门。斋官东北，厨库在南。坛皆以赤土坊之”。北郊方丘“方坛三城，成为子午卯酉四正陛。方壝三周，四面亦三门”。朝日坛“日大明……门壝之制皆同方丘”。夕月坛“日夜明……掘地汗之，为坛其中”，而且是“冬至日合祀昊天上帝、皇地祇于圜丘，夏至日祭皇地祇于方丘，春分朝日于东郊，秋分夕月于西郊”②。

这些建筑显然是承袭、融合了汉、女真习俗的结果，也是北京在城市发展中一个值得注意的史实。

4. 宫城的空间布局③

由宫城的正南门——应天门直北为金中都城内的中路，亦即中国宫城建设中的中轴线。宫城的主要建筑物如殿、门等都位于这条中轴线上。

应天门是一座阔十一间（即十一楹）的门楼，建筑雄伟，两旁有侧楼（行楼），其东一里为左掖门，西一里为右掖门。进左掖门即为宫城之东路；进右掖门即为宫城之西路。应天门内，左侧行廊三十间，中开一门，名左翔龙门，东向通向东路；右侧亦为行廊三十间，中亦开一门，名右翔龙门，与左翔龙门相对，西向通向西路。左、右翔龙门之间的空地（庭院）中有东西二小亭。正对应天门，北面列三门。中为大安门，即大安殿正门，此门面阔九间，东侧有三间游廊。其东为日华门，面阔三间，其东又有七间走廊，与

① 《金史》卷三四《礼志》。
② 《金史》卷二八《礼志》。
③ 引自于杰、于光度：《金中都》，北京出版社，1989年，第71－99页。

左翔龙门北之十五间西向游廊衔接。大安门的弘福楼，有三间游廊，又西为月华门，亦南向，面阔三间。其西亦有七间南向走廊，与右翔龙门北之十五间东向走廊衔接。

大安门内，东侧有西向（面西）之行廊六十间，中间有一高楼，名广祐楼，面阔五间。西侧亦为面东（东向）之行廊六十间，中间亦设有一五间面阔的高楼，名弘福楼。上述二楼均在大安门内、大安殿前，呈东西对峙之势。

大安门正北为大安殿，是金宫城内的重要建筑，为金宫主殿，规模雄伟，《北行日录》载："露台三居，两旁各为曲水。石级十四，最上层中间又为涩道。"由此可见，大安殿是建筑在三层露台之上的，其周围有曲水环绕，登殿石阶为十四阶。大安殿面阔十一间，其两旁各有朵殿五间，东、西两朵殿旁各有行廊四间，各与东、西两侧的行廊相衔接。殿内陈设甚为豪华，中间"七宝为之榻""后照壁画龙，顶为大金龙盘其上。余十间皆结罘罳。顶小拱三层，皆以金为龙，间置其中。曲折（处）皆顶以绣额。壁柱衣绣、帏中各有龙"。大安殿后设有便殿，与正殿直通，即"香阁楼"，是皇帝单独召见大臣议事之处。大安殿之前，东西各有小亭一座；殿后有大安后门。后门之外（北）为一小型广场，此乃平日在仁政殿设朝时，朝臣待班之处。广场东侧为左嘉会门，东向通东路；西侧为右嘉会门，门外通向西路。

北侧，正对大安殿后门的即是宣明门，也就是常朝便殿（仁政殿）的外门。其北即是仁政门。门内西侧行廊三十间，中间有一楼，名钟楼；东侧亦有行廊三十间，中间亦有一楼，名鼓楼。正北为仁政殿，即常朝便殿。其规制比大安殿略小，实为金宫城内的第二大殿，面阔九间。

《金史·世宗记》载："世宗谓宰相曰：宫殿制度，苟勿华饰，必不坚固，今仁政殿，辽时所建，全无华饰，但见他处岁岁修完，唯此殿如旧，以此见虚华无实者不能经久也。"由这段记载所叙述的情况看，仁政殿是在辽南京原宫殿的基础上改建的。

仁政殿之后即为后宫（正富），南为皇帝正位，北为皇后正位。皇帝正位及皇后正位亦有宫、殿等建筑，即昭明殿和隆徽殿。按金宫惯例，昭明宫、隆徽宫也应有相应的宫门，其名当亦同宫名。

金宫城中轴线（即中路）两侧的东路和西路并不对称。西路在右掖门内便是鱼藻池。中有小岛（瑶屿），岛上有鱼藻殿。周围还有瑶池殿、瑶光台、瑶光殿、横翠殿等多处。鱼藻池及其周围的殿宇实际是宫城之内的一座御花园，又称琼林苑，设有官属机构并加以管理。琼林苑之北即为蓬莱院，内有蓬莱殿、蓬莱阁，还有蕊珠殿。过右嘉会门和玉华门东西相对围合而成的院子，经泰和门进入泰和宫，内有泰和殿。其北还有东西相对峙的神龙殿、厚德殿，以及“十六位”（即西宫），为妃嫔居住之地，有以福位、温芳位、惠妃位、瑶华位、柔则位、嘉福位（殿）、崇妃位、温妃位、顺仪位等。进左掖门即为左翔龙门外之院落。正北开列三门：中为敷德门，左为敷德东门，右为敷德西门。入敷德门即为东宫。东宫是太子居住之地，内有芳苑、承华殿、凉楼等。往北经集英门即进入太后居住的寿康宫，宫内有寿康殿及其他附属建筑。

在集英门的正北，亦即泰康宫的北边设有承明门。其与大安殿后门正处于东西一线上。出承明门往北即进入左嘉会门外（东）的小院落。此院落北为昭庆门。

入昭庆门往北即宫内的衙署所在地——“内省”（相当于明、清政府的内务府）。“内省”有下列各种机构：

宣徽院宫闱局：管理各宫宫门之禁，统辖各殿位都监、同监，各守其职。

宣徽院内侍局：专管正宫（正位）各殿都监、同监，各守其职。

记注院：负责修皇帝起居注。

益政院：皇帝顾问，负责讲解《尚书》《资治通鉴》以及《贞观政要》等书。

卫尉司：负责宫中护卫及仪仗队等事务，下设给事局（管司宝，即监印）、掖庭局（管理皇后宫中事务，设有食官、饮官、医官等）。

修内司：管理宫中营建、制作等事务。

此外还有东宫师府（太子府衙），其内设有一整套的官僚机构及护卫人员。如三师（太子太师、太子太傅、太子太保）、三少（太子少师、太子少傅、太子少保）及三寺、十率府等。据《金史·百官志》，设立这些官府的目的是为了“保护东宫，导以德义”。东宫下设詹事院，其长官为“太子詹事”，总领东宫内外事务，并设有左右卫率府。率府内有左右监门、仆正、掌食、典仪、倚正、典食令、侍药、掌饮令、家人及赐给、供应等。局设都监、同监。

上述各官署都是专为宫廷服务而设置的，当应在“内省”。同时，内省还设有许多宫廷女官，服侍帝、后、妃等的起居生活。

综上所述，我们可以看到金宫城是一座宫殿林立、布局有序、结构华美，并有完善的护卫系统的宫城。这正如《揽辔录》中所述：金中都的宫城“遥望前后殿屋，崛起处甚多，制度不轻，工巧无遗力……其屏扆窗牖，被破汴都辇致于此”“其宫阙壮丽，延亘阡陌，上切霄汉，虽秦阿房、汉建章不过如是”。中都的宫殿不仅完全是按照北宋汴京皇宫的规制构筑起来的，连“屏扆窗牖”，以及所陈玉器珍玩，也多是宣和旧物；在建筑风格上也承袭了北宋末年崇尚奢丽纤巧的风气，滥肆奢华，工巧无遗。

值得注意的是，20世纪90年代中，在开辟北京西二环路的南段时，北京市文物考古工作队曾就地进行了考古勘察，并发现了金宫城内大安门及其正北方大安殿的地基夯土层。这进一步证明了现在广安门外滨河公园西侧的这段西二环路，就正好压在金中都城纵贯全城的中轴线上。这一考古发现对我们复原金中都城，无疑是有重大意义的。

另据《金史·礼志》载，大定七年（1167），金中都宫城南设社稷坛，而且是社稷分祀。东为社坛，有内外两垣，中间稍南“以五色土各饰其方，中央覆以黄土，其广五丈，高五尺。其主用白石，下广二尺，剡其上；形如钟，埋其半……近西为稷坛”[①]“祭用春秋二仲月上戊日（农历春秋两季第二个月的初五日）”[②]。其后，金世宗时又在南郊建圜丘，北郊建方丘，东郊建大明，西郊建夜明；金章宗建风师、雨师、雷师和高禖（méi，求子用）坛等十一处。这是北京历史上第一组较大型的帝都坛庙建筑。

5. 中都城的道路和坊制

中都城除东北角后开的光泰门之外，每边三门对隅，应共有六条南北、东西直通的大道，但是由于皇城居中，御苑的修筑使得中都城内仅有三条大道是直通的。

中都城主要的道路如下：

施仁门至彰义门的大街：实际上这是在原唐、辽时期檀州街的基础上向东、向西延展而成的。它通过中都城北最繁华、热闹的地区。因为原檀州街即为唐、辽时北市所在地，国内、对外贸易几乎都集中在这里。如今，这条大街相当于东起虎坊桥、西至广安门外的湾子，即今广安门内外大街。

---

①② 于敏中等：《日下旧闻考》卷二九《宫室》，北京古籍出版社，1981年，第425页。

崇智门至景风门的大街：它由辽南京城东部拱宸门至开阳门的大道延展而成，直贯中都城东部的南北，相当于今西城区南闹市口起，向南通过牛街以及右安门内、外大街，达右安门外关厢的凉水河桥以北的大路。

阳春门至丽泽门的大街：这是一条通过皇城正南门——宣阳门之南的东西大街。东部为市场，西部为居民区。其东段相当于明、清北京城外南护城河的两岸，并一直向西延伸，但已湮没。今西三环上的“丽泽桥”之名即源于此。

宣曜门街：此大街由宣曜门往西抵达皇城的东门宣华门。它实际上也由辽迎春门大街向东延伸至金宣曜门。今日虎坊路西侧的南横街东口，往西达枣林前街一线当是宣曜门街的遗迹。

颢华门街：这是从颢华门往东抵达皇城西玉华门的一条大街。其位置大体在今南马连道蝎子门以东到魏墙角以北处，即辽显西门以西。遗址今已湮没。

通玄门大街：即清夷门街，是通玄门往南直通皇城北门拱宸门的一条大街，实际是以辽通天门为基础修建的。其位置大致从今白云观以东处起，沿今滨河路西侧南达广安门外白菜湾之北，宽约30米。与其隔宫城相对应的便是丰宜门内直通宫城正南门——宣阳门的大街。

会城门街：北起今会城门村，向南于甘石桥附近与彰义门街相交。

端礼门街：南起今万泉寺西的端礼门，向北抵达三路居、孟家桥一带。遗址今已湮没。

其他还有如光泰门街、蓟门北街、黑楼子街等。中都之街大多以城门之名命名，如彰义门街、颢华门街、丽泽门街、端礼门街、丰宜门街、景风门街、阳春门街、宣曜门街、施仁门街、崇智门街、清晋门街、会城门街等。有的则以古迹或建筑物所在位置来命名，如蓟门北街、披云楼东街、白马神堂街、竹林寺东街、阁街、水门街等。

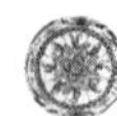

中都城里的坊大体上由纵横交错的干道相围合而成，其周围以及坊内也都有街和巷。如《析津志》中所记：“严胜寺在南城金台坊西街北”，其地街名为“金台坊西街”；“杜康庙在南城春台坊西大巷内”，其街名为“西大巷”；“楼桑大王庙在南城南春台坊街东大巷内”，其街名为“春台坊街”。同时还有更小的街、巷，如《永乐大典·顺天府》所记：“紫虚观在今阳春门内小巷近南”；《析津志》记：“宝集寺在南城披云楼对巷之东”；《元一统志》记："延化禅寺在旧城宣阳门西巷"；等等。

金中都城内共设有六七十个坊。现将《元一统志》所列中都城内四隅坊名分述如下：

在西南、西北隅的有：西开阳坊、南开远坊、北开远坊、清平坊、美俗坊、广源坊、广乐坊、西曲河坊、宜中坊、南永平坊、北永平坊、北揖楼坊、南揖楼坊、西县西坊、棠阴坊、麗宾坊、永乐坊、西甘泉坊、东甘泉坊、衣锦坊、延庆坊、广阳坊、显忠坊、归厚坊、常宁坊、常清坊、西孝慈坊、东孝慈坊、玉田坊、定功坊、辛寺坊、会仙坊、时和坊、奉先坊、富义坊、来远坊、通乐坊、亲仁坊、招商坊、余庆坊、郁邻坊、通和坊，共42坊。

在东南、东北隅的有：东曲和坊、东开阳坊、咸宁坊、东县西坊、石幢前坊、铜马坊、南蓟宁坊、北蓟宁坊、啄木坊、康乐坊、齐礼坊、为美坊、南卢龙坊、北卢龙坊、安仁坊、铁牛坊、敬客坊、南春台坊、北春台坊、仙露坊，共20坊。

金中都仅四隅的坊，就比原辽南京城增加了一倍以上。而这62个坊还并不是中都城内全部的坊，如灵中坊、敬德坊、德麟坊、嘉会坊等即不在此数之内。可以这样认为，中都城的坊数有可能在70个以上。

宋代以前，都城居民区的"坊"均为封闭式：四周有围墙，四方各开一坊门，并由专人管理，每天五更开坊门，黄昏关闭。而金中都城建设，正处在唐辽时代封闭式的坊制向宋元时代开放式街巷制过渡的时期。金中都城又是继承辽南京旧城，并在其基础上扩建而成的，所以封闭式的坊制和开放式街巷制同时出现在其中，形成了中都城在城市规划建设上的特点。20世纪60年代，考古工作者对中都城城址做了钻探发掘，证实中都西南部新增城区的各坊，均为东西向互相平行的胡同；而东部新扩城区，则多为南北向互相平行的胡同。这说明，金中都城中新设的坊已与辽南京城时的坊不同，其已不是封闭的小方块，而是每条胡同即为一个坊。即使是辽南京城原有的旧坊，也有许多被改建，如卢龙坊即变成南、北卢龙坊，永平坊则分为东、西永平坊等。新建的坊为街巷，各条开放的街巷更有利于市场交易，促进了中都城商业的发展。

经考古发掘证实，金大安殿夯土遗址北界在北京广安门外原北京带钢厂东门口小马路中央；南界在31号楼南侧小马路中间，南北长70米；东界延至滨河公园内。夯土埋于地表以下1米，最大残存厚度9.65米。

2002年7月即金中都建都850周年前夕，当时的宣武区人民政府在大安殿遗址处修建了“北京建都纪念阙”，并请历史地理学家侯仁之先生撰写了《北京建都记》，镌刻于阙的东侧。

“北京建都纪念阙”的整体造型由中国古建筑的重要部件——斗拱和四条分别朝向东、南、西、北四个方向的青铜坐龙构成。阙高12.8米，占地约760平方米。阙的东侧镌刻有侯仁之先生撰写的《北京建都记》。其文曰：

图6－4　北京建都纪念阙（朱祖希 摄）

北京建都记

北京古城肇兴于周初之分封，初为蓟。及辽代，建南京，又称燕京，为陪都。金朝继起，于贞元元年即公元1153年，迁都燕京，营建中都，此乃北京正式建都之始，其城址之中心，在今宣武区广安门南。

金中都以辽南京旧城为基础，扩东、南、西三面有差，而北面依旧。城池呈方形，实测四面城墙，东长4510米，西长4530米，南长4750米，北长4900米。四面城垣各开三门，北城垣复增一门，共十三门。城内置六十二坊，前朝后市，街如棋盘。

皇城略居全城中心，四面各一门。正南宣阳门内有街直通皇宫应天门前之横街，两侧建千步廊，廊东有太庙，西有中央衙署。宫城位居皇城东偏，宫室建筑分为三路，结构严谨。中路殿宇九重，前有大安、仁政两殿，为常朝之所，后有后宫，为帝、后所居。主殿大安殿建于三层露台之上，规模宏伟。东路有东宫、寿康宫、内省诸建筑，西路有蓬莱院、泰和宫等建筑。宫城内西南隅凿鱼藻池，建鱼藻殿，以为宫城之内苑，故址即今白纸坊桥西之青年湖。宫城迤东置太子东宫，迤西为同乐园，有瑶池等湖泊。

中都城之扩建，将西湖即今之莲花池下游河道纳入城中，导流入同乐园湖泊及鱼藻池，又经皇城前龙津桥下，转而向南，流出城外。公元1990年，在右安门外大街迤西之凉水河北岸发现其水关遗址，已就地建为辽金城垣博物馆。中都近郊建有行宫多处，其最著名者为万宁宫，故址在今北海公园处。元朝继起，就其址规划扩建大都城，遂为今日北京城奠定基础。

公元1990年西厢道路改造，市文物研究所沿宣武区滨河路两侧，探得金中都殿夯土十三处，南北分布逾千米，并作局部发掘，从而确定应天门、大安门和大安殿等遗址位置。公元2003年为金中都建都850周年，应宣武区人民政府之约，撰文以记北京建都之始，刊石于金中都大安殿故址之前。

侯仁之

2002年7月30日

三、 金中都行宫和苑囿的辟治

金主迁都燕京，在扩建都城、营建宫殿的同时，先在辽子城西部苑囿、湖泊的基础上扩建西苑，其后又营建了东苑、南苑和北苑。大定年间，战事暂息，生产得以恢复，社会安定，于是又在城外修建了许多处离宫，增辟了新的园林。

金代中都地区的御苑、行宫，据史书记载有二十余处，如芳苑、同乐园、南园、广乐园、北苑、琼林苑、东苑、西园、大宁宫、鱼藻池、钓鱼台等。此外，还选定了“燕京八景”；并在近畿依山傍水处，建造了玉泉山、香山等八处行宫，时称“西山八院”。金代的苑囿、园林建设大都模仿北宋都城汴京，并将拆下来的汴京园林的物料，运抵中都使用。①

燕京，作为金代的中都，虽然只有60年，但却掀起了北京地区园林建设的一次高潮。这不仅对后来北京园林的发展具有重要的奠基意义，而且在北京早期的城市环境建设方面，亦做了非常有益的探索。

1. 行宫

（1）万宁宫

《金史·地理志》载：“京城北离宫有大宁宫，大定十九年（1179）建。后更为寿宁，又更为寿安。明昌二年（1191）更名为万宁宫。”出中都城东北角的光泰门即可抵达万宁宫，这是利用高梁河形成的一个天然湖泊开辟而成的。

金世宗在这里修建的行宫，实际上是在辽代行宫的基础上，经过扩建、增辟而形成的规模庞大的建筑群，内有宫殿多处。据《金史·章宗纪》载，明昌六年（1195）五月曾“命减万宁宫陈设九十四所”，说明了万宁宫规模之大，布局之宏伟。

此宫建成之后，金世宗每年都前往。章宗即位后，每年也必有几个月的时间住在万宁宫内，据《金史·章宗纪》载，在“御紫宸殿，受诸王、百官贺，赐诸王、宰执酒”。

这说明章宗在万宁宫的“紫宸殿”受朝并处理政事，也说明“紫宸殿”是万宁宫中的主殿。万宁宫还设有“端门”，与中都宫城的南门近似，也说明万宁宫虽为行宫，但实际上是金朝统治者的另一座宫城。也因此，万宁宫设有“提调司”等机构专门“掌守护宫城殿位”。②

据史书记载，万宁宫作为金帝夏季避暑的行宫，金世宗每年来此约四个

① 任常泰、孟亚男：《中国园林史》，北京燕山出版社，1993年。
② 《金史》卷五六《百官志》。

月之久；金章宗也在每年的三四月份即来此，八月返回中都城中。

据推测，万宁宫的故址应该是元大都宫城北半部分——延春阁一组建筑群所在的地方，亦即明清故宫的北半部分（乾清宫以北），直到景山北墙以南。①

（2）香山行宫

辽代时即已经营香山，并建有“香山寺”。香山之下有“安集寺”。金世宗时“诏（巨构）与近臣同经营香山行宫及佛舍”②，将原来的香山寺和安集寺连在一起，使之成为贯通香山上下的新寺，改名“大永安寺”，亦作为金主的行宫，供巡幸驻跸、游玩之用。有人曾描述该寺的规模：“凿山拓地而增广之。上院（即香山寺）因山之高，前后建大阁，复道相属，阻以栏槛，俯而不危。其北曰‘翠华殿’，以待临达；下瞰众山，田畴绮错。轩之西叠石为峰，交植松竹，有亭临泉上。……下院（安集寺）之前树三门，中起佛殿，后为丈室云堂、禅寮客舍；旁则廊庑库之属，靡不毕兴。千楹林立，万瓦鳞次。向之土木，化为金碧丹砂；旃檀琉璃，种种庄严，如入众香之国。”③ 由此可见，大永安寺是山下为寺，山上为宫，中有登山通路。金章宗即位之后，常游幸于此，或游玩，或打猎，并增建了会景楼等建筑。此外，“又有梦感泉，金章宗常至其地，梦矢发泉涌。旦起掘地，果得泉”④。

（3）玉泉山行宫

金统治者在中都西北郊玉泉山兴建行宫，是取其地风景优美：“夙戒游名山，山郊气已濠。薄云不解事，似妒秋色高。西风为不平，约略出林稍。林尽湖更宽，一镜涵秋毫。披云冠山顶，屹如戴山鳌。”⑤ 玉泉山以东是昆明湖洼地和巴沟低地。这里溪流萦回，田塍错列，呈现出一派江南水乡的景象。万寿山和玉泉山山峰屹立，如平地浮起，其后更有西山蜿蜒，如屏如嶂。据记载，玉泉山还有石洞，泉水自洞中流出，水味甘冽；山南，泉水自山下涌出，状如流虹。金章宗曾在这里修建行宫，山上建芙蓉阁，还有殿亭。每年，当他去万宁宫避暑时，常到玉泉山行宫游赏和狩猎。“章宗避暑玉泉山，宫女随銮到此间。昔日翠华歌舞地，于今犹见五云还。”《日下旧闻考》所引李谦

① 曹子西：《北京通史》第四卷，中国书店出版社，1994年，第334页。
② 《金史》卷九七《巨构传》。
③ 赵万里校辑：《元一统志》卷一《大都路》，中国书店出版社，1966年。
④ 《日下旧闻考》卷八七引《南濠集》。
⑤ 《滏水集》卷三《游玉泉由》，四库全书本。

的《玉泉山诗》描述了金代统治者游幸玉泉山时的盛况。

图6-5 金章宗所定的“燕京八景”之一——玉泉垂虹（朱祖希 摄）

（4）仰山行宫

金世宗大定年间曾在房山仰山建栖隐寺。章宗时因其地景致优美，将寺之所在建为行宫，并经常去“五峰八亭”游玩，题诗刻石。其中的一首云：“金色界中兜率景，碧莲花里梵王宫；鹤惊清露三更月，虎啸疏林万壑风。”这里的行宫不仅占地颇广，建筑也庞大，但到明初时逐渐荒废。

（5）建春宫

“大兴有建春宫”[①] “承安元年（1196）二月，幸都南行宫春水；三年（1198）正月，如城南春水，名行宫曰建春”[②]。上述记载说明，中都城南曾在章宗时建有建春宫。金帝每来此宫即居住多日，有时甚至达半月之久，并处理政务，制定和发布有关法令。承安四年（1199）二月，章宗曾四次到建春宫：第一次停留4天；第二次也是4天；第三次又停留4天；第四次为3天，共约半月之久。[③] 据此也可推想，建春宫确实具有一定的规模，其位置大致在今南苑一带。[④] 这里地处㶟水故道，地势低洼，地下水位较高。在㶟水西迁之后，这里便留下了片片湖泊、池沼。建春宫正是利用这里的湖泊和池沼

①② 《金史·地理志》。

③ 曹子西：《北京通史》第四卷，中国书店出版社，1994年，第346页。

④ 于杰、于光度：《金中都》，北京出版社，1989年，第107-108页。

修建起来的，供金统治者游玩的“春水的行宫”。金亡之后，元代因其旧址和湖泊仍作游猎之地而称其为“下马飞放泊”；明代建为上林苑南海子，为御苑；清代则辟为南苑行宫。

2. 苑囿

中都城内的苑囿以东、西、南、北四苑为主，其中以在辽燕京子城西郊苑囿湖泊的基础上扩建而成的西苑最为主要。因其地近宫城，所以是金帝及皇室经常游玩的场所。

（1）西苑

西苑位于宫城之西，实际包括宫城内的琼林苑和同乐园两部分，亦称西园，因其在西华门外，所以又称西华潭，是一座规模庞大的御园。

琼林苑以一片大湖为中心，其东、西两岸筑有许多亭台楼阁。其湖名鱼藻池，原是金海陵王修建燕京大城和皇城时利用辽南京的瑶池及其附近的一组建筑群旧址扩建而成的。初始有横翠殿、临芳殿、神龙殿、隆德殿、瑶光台、观会亭，湖中又有鱼藻殿等。因仿北宋汴京御苑之名，称琼林苑。在以后的数十年中，又陆续增建了蓬莱院和蓬莱阁、蕊珠宫和蕊珠殿、龙和宫和龙和殿，以及翔鸾殿、端明殿、明月殿、清风殿、香亭、兰台、坤仪殿、玉华宫等。其大体做如下布置：鱼藻池东北岸为宏伟的端明楼。楼三层，楼边有飞梁，可直达第三层，供皇帝上楼之用，称“辇路”，可俯览全苑景致。鱼藻池北岸即是蓬莱宫，中有蓬莱殿、蓬莱阁；蓬莱殿两侧为瑞光楼和瑞云楼。这组殿、楼、阁即构成了“蓬莱仙境”。蓬莱宫之东是金章宗为李妃所建的龙和宫，宫中有龙和殿和坤仪殿，其后为瑶光楼；蓬莱宫之西是神龙殿，其北为明月殿、清风殿。神龙殿再西为长春宫，中有香霏亭。长春宫往北，近皇城西门——玉华门处为玉华宫，内有玉华殿。在鱼藻池西南岸建有蕊珠宫，其门东向，与北岸的蓬莱宫相对应。[①] 金亡之后，这座“尽人神之壮丽”的中都名苑，也随之衰落、破败。“芳径层峦百鸟啼，芝廛兰畹自成溪。仙舟倒影涵鱼藻，画栋销香落燕泥。淑景晴熏红树暖，蕙风轻泛碧从低。回头醉梦俄惊觉，歌吹谁家在竹西。”[②] 诗的作者泛舟鱼藻池中，但此时他所见的鱼藻殿竟已“画栋销香”而“落燕泥”，雕梁画栋的殿阁，已变成小燕筑巢的

① 曹子西：《北京通史》第四卷，中国书店出版社，1995年，第347－348页。
② 冯延登：《西园得西字》，载《中州戊集》。

场所了。

同乐园中有大湖多处，其间有水道相通。湖中还有人工堆砌而成的岛屿，通称“十洲三岛”。《大金国志》载：“西至玉华门，曰同乐园，若瑶池、蓬瀛、柳庄、杏树尽在于是。”此外，还有“方壶”“瀛洲”“琼田”“县圃”等皇帝“游幸”之地。章宗时，每年清明节，同乐园中设立九市。[①] 这里有绛霄殿、翠霄殿等，其间的琼华岛上还有琼华阁。金统治者在游赏同乐园各景致时，往往是乘坐“翔龙舟”通过水道畅游各湖。当时“彩风箫声彻晓闻，宫墙烟柳接龙津；月边横吹非清夜，镜里琼华总是春”[②]。但是，贞祐三年（1215）金中都城陷落后，同乐园竟成了牛羊的栖息之所：“步入西园内，秋风草木长；牛羊识牢槛，废殿榜凝香。”[③]

图 6－6　金中都鱼藻池遗址（局部）

（2）南苑

南苑又称“广乐园”，因其园中有熙春殿，所以又称此园为“熙春园”。这里原是辽南京城外的小型皇家园林。金王朝迁都燕京之后，海陵王常来此处的常武殿进行“击鞠”游戏。据《金史·世宗本纪》，金世宗大定三年

---

① 《双溪醉隐集》卷一《龙和宫赋》，引自《辽海丛书》。

② 《秋涧附集·西苑怀古》，引自《日下旧闻考》卷二九。

③ 《小辜集》卷五“同张介夫、杨信卿《赋龙德富》诗”，四库全书本。

（1163）五月五日端午节时，曾率皇太子、亲王等贵族及文武官僚到广乐园“射柳”，并赐宴常武殿，宴毕又击球嬉戏。每年正月元宵节时，园中设有“灯山”，供皇室娱乐。在大定二十三年（1183）正月十五灯山失火，将园中的熙春殿焚毁。据史书记载推测，南苑应在中都南城丰宜门内[①]。

（3）北苑

北苑位于西苑之北、宫城西北角、宫墙之外。据《金史·刑志》，“监察御史陶钧以携妓游北苑，歌饮池岛间，迫近殿庭。提控官石玠闻而发之，钧友阎恕属玠得缓。既而事觉，法司奏当徒二年半。诏以‘钧耳目之官，携妓入禁苑，无上下之分，杖六十，玠、恕皆坐之’”。这段记载说明，北苑内风景甚好，有湖，有岛屿。赵秉文《北苑寓直》诗云：“柳外宫墙粉一团，飞尘障面卷斜晖。潇潇几点莲塘雨，曾上诗人下直衣。”《北苑寓直》中又云：“蒲极阁阁乱蛙鸣，点水杨花半白青。隔岸风来闻鼓吹，柳阴深处有园亭。”

（4）东苑

东苑位于金中都皇城东门——宣华门内以南，西邻宫城东垣。辽时这里在南京子城的东垣内，设有果园、五凤楼、迎月楼等建筑。东苑即是在此基础上扩建、增建的。《北行日记》记有宋使臣楼钥抵达中都，入宫晋见金帝。他在宫城中行走时看到“敷德门，其东廊之外，闻是东苑，楼观翠飞”。东苑在东宫之东门外，所以也是金朝皇帝、太子等贵族常来游玩的地方。据《大金国志》《金国南迁录》记载，“大定十七年（1177）四月三日，国主与太子诸王在东苑赏牡丹。晋王允猷赋诗以陈，和者十五人”“泰和七年（1207）五月幸东园射柳”。[②]

东宫内还有一座庭院式的小花园——芳园。金世宗、皇太子完颜允恭在东宫时，“携中侍步城芳园”[③]。可见芳园也是金主和太子等经常游玩之处。芳园在宫城内，东苑在宫城外，它们之间可能有门相通，芳园殿或为东园的一部分。

（5）钓鱼台

中都城西北门——会城门外不远处，有一个很大的湖泊，即今之玉渊潭。相传在辽时此处即为一蓄水池，并有水通向南京城的北护城河。其实，此处

① 于杰、于光度：《金中都》，北京出版社，1989年；曹子西：《北京通史》第四卷，中国书店出版社，1994年。
② 《金史·章宗本纪》。
③ 《日下旧闻考》卷九五。

亦为永定河古道。其南迁之后，西山下来之水仍汇集于此，地下也当有潜流。

“西郊有钓鱼台，是金主游幸处。”[①] 金末元初，有人描述它“柳堤环抱，景气潇爽……沙鸥容于波间，幽禽和鸣于林隙”[②]，且“佛宫真馆，胜概盘都”。[③]

（6）西湖

西湖在金中都城之西。该湖的规模从《水经注》卷一三中即有一段描写：“湖东西二里，南北三里，盖燕之旧池也。绿水澄澹，川亭望远，亦为游瞩之胜所在。”其水东流向南，绕蓟城之南，即洗马沟，辽建南京城之后即作为西护城河的南段和南护城河。这段由西湖流出的河流，即今广安门外甘石桥南流之莲花河，西湖即今莲花池的前身。

金朝扩建南京城，并把原西、南护城河也围入都城，以此为西苑中太液池供水，鱼藻、浮碧、游龙等湖之水均由此供给。因此，西湖不仅是中都城郊外供人游览的胜所，而且是金中都城御苑的重要水源之一。《滏水集》载：“倒影花枝照水明。三三五五岸边行。今年潭上游人少，不是东风也世情。……醉里不知归去晚，先声留着颢华门。”西湖在金时水面很阔，比今日所见的莲花池要大得多。据《明一统志》，它直至明代还“广袤十数亩，傍有泉涌出，冬不冻，东流为洗马沟”。

四、 金中都城的经济功能和对外联络

1. 中都城的人口和经济

金皇统元年（宋绍兴十一年，1141），金、宋议和之后，金朝就基本确定了它的领土范围：西及今甘肃省临洮，东至大海，控制了淮水（河）以北的广大地区。其建置“袭辽制，建五京，置十四总管府，是为十九路”[④]。中都路即为其中之一。

上京会宁府远在东北（今黑龙江省哈尔滨市阿城），在政治上难以控制内地；而在经济上，当时的东北地区还非常落后，皇家所需的大批物资，必

① 见《日下旧闻考》卷九五《向次斋集》。
② 见《玉渊谭谳集诗序》，《狄涧集》见《日下旧闻考》。
③ 《日下旧闻考》卷九五。
④ 《金史》卷二四《地理志》。

须从关内运去。然而，运输非常艰难。“会宁僻在一隅，官艰于运输，民艰于赴诉。”① “人拘道路之遥，事有岁时之滞。……京师居在一隅，而方疆广于千里，以北则民清而事简，以南则远事通繁。”② 中都路位于金领土的中部略偏南，将都城设于中都正可弥补上述的两个不足。

中都路的范围，北至长城，东至榆关（今山海关）及临海，南至保州（今河北保定地区北部）、雄州（今河北雄县）、霸州（今河北霸县）一线，西至易州的五回岭（今河北易县以西）。金代的中都路地区基本上是沿袭了辽南京道的疆域（只在南部略有扩展），亦即相当于今北京市的大部，河北省的中部和东部地区。中都路下辖一府（大兴府）、十三州（通州、蓟州、易州、涿州、顺州、平川、滦州、雄州、霸州、保州、安州、遂州、安肃州）③，共四十九个县。大兴府共领十县，两县在中都城，即大兴县、宛平县；八县在中都郊区：都阴县、安次县、永清县、宝坻县、香河县、易昌平县、武清县、良乡县。

中都路总计 84 万户，以每户平均有 6 口人计，其人口总数应为 504 万人，约为金朝所辖地区的 1/9。大兴府的人口总数约为 22.6 万。中都城作为金王朝的国都，不仅集中了王公贵族及文武官僚及其家属、仆从等，还集中了大批为他们服务的机构和从业人员，而且朝廷还多方采取措施充实中都城的人口。据估计，当时中都城区两县的人口应在 80 万以上。这就是说北京地区在 840 多年以前，就已建立起一座拥有 80 万人口的都城。④

此时，汉族虽不居于统治地位，但仍然是中都城居民的主体，且在中都城内从中央到地方的行政机构中，均有相当数量的汉人任职。在城市和农村中从事生产劳动的，主要也是汉族居民。然而，女真族是金王朝的统治民族，尤其是在武力征服了中国北方地区并迁都燕京之后，大批的女真族人往内地迁徙。

金朝的皇室贵族是中都城社会的重要组成部分，其直系贵族保持在二百人左右，另有亲王八十、郡王十、公主三十，还有他们的亲属等。他们大多数居于中都城内。金朝的官僚机构不仅众多，而且人员庞大，大约可分为皇室机构、王公机构、政权机构等。《金史·百官志》载：“大定二十一年

---

① 张棣：《正隆事迹纪》，载《三朝北盟会编》卷二四二。

② 李心传：《建炎以来系年要录》卷一六二。

③ 《金史》卷二四《地理志》：“中都路……府一，领节镇三，刺郡九”中的“刺郡九”应为“刺郡十”，原误。

④ 曹子西：《北京通史》第四卷，中国书店出版社，1994 年，第 121 页。

(1181)，在仕官一万九千七百员，四季赴选者千余，岁数监差者三千。明昌四年（1193）奏……见在仕官万一千四百九十九……至泰和七年（1207），在仕官四万七千余，四季部拟授者千七百，监官到部者九千二百九十余，则三倍世宗之时矣。”这就是说，随着金政权的逐步稳定，其文武官员在不断增加。因此，中都的官僚，不仅是一个相当庞大的社会阶层，而且其人口数字也很可观，在中都城的居民中自然也占有相当大的比例。辽朝遗留下来的契丹族，此时虽已不是占统治地位的民族，在政权机构中也不占主要地位，但也有任职其中，或散居于中都城乡的，因此也有相当的数量。不仅如此，金中都地区在历史上就是一个多民族频繁接触的地方，如山戎、东胡、肃慎、匈奴、鲜卑、羯、氐等都曾先后占领过这里，有的甚至还曾在政治、经济上产生过不小的影响。另外，还有奚、渤海、室韦等民族也都在中都城居住，并对中都社会、经济的发展起着推动的作用。金中都城是一个多民族聚居、生活，并在交往中互相融合的城市。

应该指出的是，金在燕京地区确立了统治地位之后，为防止汉族人民的反抗，从其后方迁来大批猛安谋克户与汉人杂居。“金废刘豫后，虑中国怀二三之意，始置屯田军，非止女真契丹，奚家亦有之。自本部族徙居中土，与百姓杂处，计其户口，给以官田。”① 他们“棋布星列，散居四方。令下之日，比屋连村，连接而起”②。金熙宗天眷三年（1140）时，对这些迁来的猛安谋克户在生产和生活上又做了进一步安排，“计其户给以官田，使自播种，以充口食”③。这样，他们在燕京地区的广大农村之中与汉族人民杂处。由于中都城内聚居有大批的贵族、文武官吏及其家属、侍人，其生活消耗剧增。巨大的物资需求在客观上刺激了都城商业经济的兴盛和发展。金朝初年，由于汴京的各种工匠被掠到燕京，内地进步的手工业技术被带到了这里，为燕京城经济繁荣亦作出了巨大的贡献。在手工业制品中，纺织品最为著名，时人称“绵绣组绮，精绝天下”④。这里所产的罗、绫等行销各地。

中都城中原有旧坊被打破，坊巷开放更有利于商业经济活动，集中的市场有如下几个：

① 《大金国志·屯田》。
② 《大金国志·太宗文皇帝纪》。
③ 《大金国志·屯田》。
④ （宋）许亢宗：《宣和乙巳奉使行程录》。

（1）城北市场

城北的檀州街（今广安门内、外大街，东起菜市口，西至甘石桥一段）远在唐幽州市时就已非常繁华。辽南京时，这一带的市场依然存在。“太宗得燕，置南京，城北有市，百物山待，命有司治其征”[①]　“陆海百货萃于其中”[②]。金太宗初年，宋使抵燕，见到城北有市，陆海百货萃于其中。[③] 这里不仅有四方运来的陆货，而且有海运而来的海货，市场贸易十分兴旺发达。中都城的北市范围很广，东起施仁门，一直沿檀州街向西至金皇城北门外（今天宁寺一带）都是闹市区。据《金史·世宗本纪》，太定二十一年（1181）二月，以元妃李氏之丧，致祭兴德宫，过市肆不闻乐声。谓宰臣曰：“岂以妃故禁之耶？细民日作而食，若禁之，是废其生计也，其勿禁，睽前将诣兴德宫，有司请由蓟门，朕恐妨市民生业，特从他道，顾见街衢门肆或以撤毁，障以帘箔，何必尔也！自今勿复撤毁。”这是因为兴德宫在崇智门内，施仁、彰义门在东西大街之北，金世宗去兴德宫必须经过这条街，而这里所说的正是皇帝经过而使街衢门肆毁撤，或障以帘箔，间接地说明街旁的店铺鳞次栉比，而“不闻乐声”更说明这里过去曾是繁华热闹的街道。

（2）城东市场

城东市场位于中都城东部偏南，宣曜门内迤南的春台坊一带（今陶然亭附近）。

它当时称“南市”，地处中都东城之内，原辽南京城之外。这里除了经营百货外，还有马市。

当时，在市场中进行交易的“榷货”亦即“官卖品”，共10种：盐、酒、曲、茶、醋、香、矾、丹、锡、铁。除此之外，其他货物都允许私人交易。中都城作为国都，是南北交通的枢纽，上述物品的消耗量异常巨大，这些货物的贸易自然也很繁荣。宋人许亢宗在《宣和乙巳奉使行程录》中说：中都城“户口安堵，人物殷庶，州宅用辽旧大内，壮丽琼绝。城北有市，陆海百货萃于其中。僧居佛地，冠于北方，锦绣组绮，绝于天下。膏腴蔬蓏果实稻粱之类，靡不毕出；桑柘麻麦羊豕雉兔，不问可知。水甘土厚，人多技艺，民尚气节，秀者读书，次习骑射，耐劳苦”。

① 《辽史·食货志》。
② 《大金国志》卷四十。
③ （宋）许亢宗：《宣和乙巳奉使行程录》。

而金朝廷对中都的商业管理甚为严格。直属于金朝中央的“市令司”“平物价，察度量权衡之违式，百货之估直”，意即由市令司这个机构平衡物价，对各种货物的价格做出规定，并监督检查市上所使用的“度量权衡”（即量器和尺度）是否合乎标准。为了防止商人偷税、匿税，还由官方的“中都都商税务司”派都监进行巡察。

粮食是金中都最关紧要的物资，因为中都人口众多，耗粮巨大。金世宗于大定二年（1162）即察觉到：“京师之困甚大，所须之储，其敕户部宜急为计。”他说：“朕谓积贮为国本，当修仓廪以广和籴。”据《金史·食货志》载，在金章宗明昌元年（1190），“是岁，奏天下户六百九十三万九千，口四千五百四十四万七千五百，而粟止五千二百二十六万一千余石。除官兵二年之费，余验口计之，口月食五斗，可为四十四月之食”。由于当时中都至通州的运河尚未通航，江淮一带的粮食多是由运河运至通州，然后陆运抵中都城。因此，金廷在上述两处都建有粮仓，如通州的丰备仓、通积仓、太仓等，中都的广盈仓、丰盈仓、永丰仓、广储仓、富国仓、广衍仓、三登仓、常盈仓等。每仓设监支纳官，负责管理及收支业务。

2. 中都城的对外联络

金中都城日常的大量消耗，特别是对粮食的巨大消耗，迫使金统治者不得不建立顺畅的对外联络通道。

金朝统治者想尽办法把从华北大平原征调的粮食，经由今卫河、滏阳河、滹沱河、子牙河、大清河等汇集到天津所在的地方，然后再循潮白河（当时称潞水，后来改称北运河），逆流而上输送到通州。每年漕运的数量，少则数十万石，多则百余万石。之所以称“通州”，即“取其漕运通济之义”。但是，这条水运路线的末端，即从通州以西至中都城约25公里的距离却只能依靠陆运。直至金章宗泰和年间，才解决了通州至中都这段漕河的水源问题。但行船也颇为困难，船“由通州入闸，十余日而后至于京师”。不仅时间慢，而且“春运以冰消行，暑雨毕；秋运以八月行，冰凝毕”，只能春秋运货两次，而且是以大宗货物如粮、盐、铜钱等为主。中都城郊东南方的宝坻县，不但与内地可通漕运，而且还有渠河（即后来的蓟运河）通向海外，交通甚为方便。“于时居人市易并肆连络，加之河渠运漕，通于海峤；篙师舟子，鼓楫扬帆，懋迁有无，虽千里之远，旬日而至。稻、粱、黍、稷、鱼、蟹不可

胜食，而材木也不可胜用也。”河、海运输的发达，不但促进了宝坻自身的繁荣，而且有力支持了中都城，它成为中都城东南郊另一个重要的漕运点。

中都城对外联系的陆上通道，基本上沿袭了历史上的古道，现简述如下：

东部通道：由通州的潞县经平州、滦州出榆关直达金王朝的肇始之地——东北平原。

东北部通道：由顺州（今北京市顺义区）经由檀州（密云县）出古北口，穿越冀北山地的河谷进入东北平原。这是进入金王朝后方的另一条通道，也是东部通道的重要辅线。古北口在辽、金时期均为重要关隘，亦为兵家必争之地。

西北通道：即由中都城经易平出居庸关北上蒙古高原。据《金史·李英传》，“中都之有居庸，犹秦之崤函、蜀之剑门也”，可知居庸关是中都城西北方的要塞，也是金廷控制西京（大同）及西部地区的主要通道。

西南通道：由中都西南经良乡、涿州，沿太行山东麓南下，与中原相通，是中都城通向中原贸易、金宋使节和民间往来的主要通道。另有西南部的山区通道，即由中都向西南行经奉先县（今北京市房山区）折而往西，过易州北循拒马河谷，出紫荆关，是通向中原的路线。但此线地势险峻，行走不畅，只作为西南通道的一条辅助路线。

3. 卢沟石桥的修建

当时，中原文化沿着太行山东麓的山前台地北上，在进入北京小平原之前必须渡过卢沟河，而越过卢沟河的最好地点，就是后来修建卢沟桥的地方。因为由此上行，岸高流急，难以越渡；由此下行，河床又逐渐开阔，极易泛滥成灾。于是，卢沟河的古代渡口也就开始在这里发展起来。随着南北交通的日趋频繁，这个古代渡口也就成为北京小平原上南北往来的交通枢纽。但是，“卢沟河水极湍急，燕人每候水浅深，置小桥以渡，岁以为常。近年，都水监辄于此河两岸造浮梁，建龙祠，仿佛如黎阳三山制度”[①]。这种状况是很难满足南北交通往来需要的，特别是卢沟河在“春汛”（亦称“凌汛”）和“夏汛”期间，河水波涛汹涌，水流湍急，交通几近断绝。而当金中都已成为中国北半部的政治统治中心之后，卢沟渡口的战略地位就更为重要。为了

① 许亢宗：《宣和乙巳奉使行程录》。

在军事上和经济上加强对华北地区的控制，并适应日益发展的交通需求，金统治者决定在此修一座石桥。据《金史·河渠志》，“大定二十八年（1188）五月诏：卢沟河使旅往来之津要，令建石桥，来行而世宗崩，章宗完颜璟在大定二十九年（1189）六月，复诏命造舟，继而更命建石桥。明昌三年（1192）三月成。敕命曰广利”。[①] 由于广利桥横跨卢沟河，人们又称之为“卢沟桥”。

卢沟桥为联拱石桥，共 11 孔，全长 266.5 米，为华北最长的古代石桥，桥的工程结构有许多突出的成就，即使是在今天，也仍令人惊叹不已。桥身除了两岸金刚墙之外共有 10 个桥墩，桥墩的距离则从两端向桥的中心逐渐增大。其最小孔距为 16.49 米，中心孔距则达 21.35 米。桥墩的平面呈船形，迎水面砌作分水尖。分水尖的长度自 4.5 米至 5.2 米不等，约占整个桥墩长度的 2/5。不仅如此，还在分水尖上安置了一根边长为 26 厘米的三角铁柱，以保护桥墩不至于因凌汛时浮冰的猛烈撞击而摧毁。桥墩顺水的一面自出券洞以后，作流线形向内收敛如船尾，使水流一出券洞之后即可分散，以减少券洞内水流的挤压力。为了使分水尖更为稳固，还在分水尖的“凤凰台”上加了六层压面石。这是因为分水尖很长，拱券只压于桥墩的后半部，如果没有这六层厚达 1.83 米的压面石，桥就会因桥墩压力不平衡而毁损。这六层压面石，第一、二层挑出分水尖的凤凰台台面；从第三层起，逐层向内收分一直到顶层，石面微微隆起，呈琴面状。

如果说卢沟桥的桥墩凝结着高超的技术水平，那么这种高技术水平在卢沟桥的拱券上表现得更为充分。同桥墩一样，桥拱的跨径也是由桥的两端向桥中心逐渐增大，东一拱最小，为 11.40 米，中心拱最大，有 13.45 米。但各拱跨径不一，即由外拱至中心拱的增大比率为 1∶1.1。卢沟桥的弧形桥拱不仅在我国古代的联拱桥中甚为鲜见，其矢跨比率（1∶3.5）也比一般联拱桥高。

卢沟桥桥面宽阔、平展；中央微微隆起，坡度平舒。其两侧的石栏，布置奇巧，装饰雄丽，既坚固，又雅观，融实用与美感于一体。

卢沟桥共有石栏杆 279 间（南边 139 间，北边 140 间）；石栏杆间嵌有栏板 279 块，且每间都立有望柱。望柱总计 281 根，高 1.4 米，柱头刻有仰复

① 《金史·河渠志》。

的莲座，座下刻有荷叶墩，柱顶雕有高踞的石狮。座柱排列整齐、匀称，形态精巧，在自如肃穆中充满活力，生动有趣。尤其是望柱上的485只大小不同的石狮，可谓一柱多姿，柱柱生动，形态万千，呼之欲出，为卢沟桥增添了光彩夺目的艺术魅力。在月朗星稀的夜色下，卢沟河如线蜿蜒而曲折，岸边树木葱茏；远处的西山隐隐约约，起伏壮丽……这便是著称于世的"燕京八景"之一的"卢沟晓月"。"卢沟石桥天下雄，正当京师往来冲"，作为南北交通要道，卢沟桥是中原进京的必由之路。无论在军事、政治上，还是在经济、文化上，卢沟桥都起着重要的作用，而它在工程技术和艺术上的巨大成就，也为世人所称颂。

图6－7　今日卢沟桥（朱祖希 摄）

五、 中都城水源的开发和利用

北京地处华北大平原的北端，属暖温带半湿润、半干旱气候区。北京的地理位置和地形，决定了北京气候的以下特点：平原及部分山区的年降雨量在500～650毫米之间，但降水集中且强度大。这是因为北京处在大陆干冷气团向东南移动的通道上，每年从10月到翌年5月几乎完全受来自西伯利亚的干冷气团控制，只有6～9月前后三个多月受到海洋暖气团的影响。降水主要集中在夏季，7、8两个月尤甚。因此，北京一遇雨季常常是洪涝成灾；而到了旱季又往往是河床干涸，就连北京地区最大的河流——永定河也只有如泉流似的水量（1 ～ 3 立方米/秒）。早在三国时，曹魏将军刘靖就曾在蓟城附近屯田守边，开辟水田，使灌溉面积达到两千余顷。这可以说是北京城市发展过程中从永定河引水灌溉的最早事例。而到了金建中都之后，对于水源的要求就完全进入了一个新的阶段。

1. 中都城近郊运河的开凿

金统治者在决定迁都燕京之后，在扩建旧城时，就把原在西郊的一条小河即洗马沟有计划地圈入城内，流贯皇城西部，形成一个苑林区（即同乐园，又称西华潭、鱼藻池）。实际上，这也就是中都城中的太液池。其下游流经皇城南面的正门（宣阳门）前的龙津桥下，斜穿出城，成为南护城河。洗马沟源出西湖，西湖在辽南京城之西，即今莲花池的前身。从西湖发源的水形成河流，成为南京城西护城河的南段和南护城河。金扩建中都时把这段河流纳入城中，变成都城之内河，并由此供给西苑中太液池的水。因此，西湖是金中都宫苑的重要水源。西湖在金时面积很大，比今日所见的莲花池要大得多。史书有“广袤十数亩，傍有泉涌出，冬不冻，东流为洗马沟”的记载。

金统治者在决定迁都燕京，“广燕城，建宫室，依汴京制度”的同时，也考虑到了都城之内宫廷苑林的用水问题。但是，金中都的漕运用水仍无法解决。

如前所述，漕粮运输沿途都是利用天然河道，至于通州西至中都城长约 25 公里的路程，就必须开凿人工运河。而中都城附近地面海拔高出通州约 20 米，潮白河水自然无法西引。这也就是说，要解决漕运的水源问题，就必须在中都城西北地势较高的一端寻找水源，才能使其顺地形的高下流至通州。

起初，只想导引中都城北的天然小河高梁河、白莲潭诸水，“以通山东、北河之粟……其通漕之水……皆合于信安海壖，溯流而至通州，由通州入闸，十余日而后至于京师”。但是，由于其间地形的比降过大，便在沿河设闸 8 座，以节制流水。这便是见之于史书记载的“闸河”。

金初为解决漕运而导引中都城西北诸泉，东南流往高梁河，即是北京近郊河流水系上的一个重要改变，也是金统治者在寻觅水源过程中的一个尝试。最后，终因流量有限，闸河也难免浅滞，于是便又有导引卢沟河水的动议。史载：“世宗大定十年（1170），议决卢沟以通京师漕运，上忻然曰：如此则诸路之物，可径达京师，利孰大焉，命计之，当役千里民夫……”①

当时，正遇山东闹饥荒，因此议而未行。第二年十二月，“省臣奏复开之，自金口疏导，至高梁河水，经济漕运”，但毕竟河小，水量亦极为有限。于是便考虑高梁河上源七八公里处的瓮山泊。瓮山泊实际上是汇聚了玉泉山的泉水乃至部分西山之水的小湖。以地形推测，那时瓮山泊的下游，当有一条小河，经向东北，合今万泉庄北来之水，流注清河。这条小河与高梁河上源之间，有一带高地叫作“海淀台地”，地形微微隆起，形成了两者之间的一个小分水岭。或许就在这时第一次用人工打开了这个小分水岭，导引小湖之水，转而南流，合高梁河同注于运河，以至通州。由于地形比降甚大，水流又不甚丰沛，于是不得不在中都至通州之间沿河设闸 8 座，以节流水。“金都于燕，东去潞水五十里，故为闸以节疏导，至京城北入濠，而东至通州之北入潞水，计工可八十日。”但是“及渠成，以地势高峻，水性浑浊。峻则奔流漩回，啮岸善崩；浊则泥淖淤塞，积渣成浅，不能胜舟”②。最后卢沟河水既不可用，旧闸河水又不畅通，结果只好依靠陆运。

中都城自天德三年（1151）正式成为金朝的统治中心，到贞祐二年（1214）五月迁都汴梁，前后六十余年间，为维持和满足中都城内宫苑和庞大统治机构、皇亲贵族们的巨大消耗，曾几次寻求水源，虽然取得了一定的成就，但毕竟是杯水车薪，难以满足。卢沟河虽大，但又因其暴涨暴落，水流严重不稳，在当时的技术条件下难以开发利用。

2. 宫苑用水的导引

金中都城是在北京早期的城址上建立起来的最为壮丽的一个大城，金海陵王天德二年（1150）动工扩建，在扩建过程中，首先考虑到的是都城以内开辟宫廷苑林的用水。在我国的建筑史上，历代封建帝都的设计，宫苑建设的极其重要的因素之一就是水。例如在汉、唐长安与隋唐洛阳城的设计中，都曾大量用流水点缀宫苑，其中以唐长安城最为典型。在封建帝都的设计上，宫苑流水的引导已成为一种传统，因而被引导的水流也就逐渐获得了固定的名称，如金水河、太液池一类名称，不但见于元、明以来的北京城，而且见于古代帝王的都城。金的统治者是一个在文化上比较落后的部族，事事效仿

①② 《金史》卷二七《河渠志·漕渠》。

汉族制度，都城的设计也不例外。当时为了解决宫苑用水，就在扩建旧城时，把原在西郊的一条名为洗马沟的小河，有计划地圈入城内，并且使其流贯皇城西部，形成一个极其重要的苑林区，名叫同乐园，又称西华潭或鱼藻池，也就是中都城中的太液池。其下游流经皇城南面正门（宣阳门）前龙津桥下，斜穿出城，成为南护城河。南护城河西段，别有水源，出中都城西南近郊流泉，傍中都南墙东注，即今凉水河之上源。

洗马沟的上源，古称西湖，《水经注》中有一段很好的描写："洗马沟……水上承蓟水，西注大湖，湖有二源，流结西湖。湖东西二里，南北三里，盖燕之旧池也。绿水澄澹，川亭望远，亦为游瞩之胜所也。湖水东流为洗马沟，侧城南门东注。"这里所说"侧城南门东注"者，指的是北魏时蓟城的南门，至金则已包括在中都城内。洗马沟的上源既然早已成为蓟城西郊的一处名胜，那么它的下游被圈入宫苑，也是很自然的事。其后元朝改建大都城，这一带地方又成郊外，演变至今，虽已历七百余年，但是旧日河湖痕迹，也还依稀可见。以地理位置推求，古时西湖即是今之莲花池，由莲花池东南流之小河，即是古之洗马沟，不过其下游已被导入今日外城西护城河，与今日之凉水河不复相通。今环城铁路广安门车站以西有一带浅湖，当即金皇城内之西华潭遗迹。

六、 以中都城为中心的城镇体系

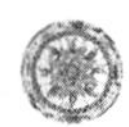

金于天辅六年（1122）攻占辽燕京后，以燕京空城及山前涿、易、檀、顺、蓟、景诸州归宋，宋改制燕山府。又于天会三年（1125）灭辽并复取宋燕山府、云中府及山前山后诸州县。翌年攻占宋都汴梁城，后又掠宋徽宗、钦宗二帝北行，北宋亡。天会五年（1127）五月宋康王赵构即位于南京应天府（今河南商丘南），建元建炎，南宋肇始。后南宋辗转定都杭州临安府，偏居江南，淮河以北的广大疆土即为金所占据。

海陵王杀金熙宗而取得帝位，并于贞元元年（1153）迁都燕京，称中都大兴府，改汴京为南京开封府，改中京大定府为北京大定府，连同原有的东京辽阳府、西京大同府，合称"五京"。金时"五京"制度，完全是出于一种政治上的需要，彼此之间并没有很多经济上的联系。

海陵王完颜亮迁都燕京，其主要目的也在于进一步谋求向中原的扩展，不仅金中都及其所辖的中都路是在辽南京基础上按照汴京制度扩建、更改而成的，而且有金一代，其地方行政制度亦是沿袭宋制，即分成路、府、州、县四级。这四级地方行政制度，其行政中心的所在地，也就形成了以金中都为核心的城镇体系。据《金史·地理志》所载，当时的金中都路总领府一，节镇三、刺郡十、县四十九、镇七。府即大兴府。节镇三即平州、保州、雄州。刺郡十即通州、蓟州、易州、涿州、顺州、滦州、霸州、安州、遂州、安肃州。县四十九，即大兴、宛平、安次、都阴、永清、宝坻、香河、昌平、武清、良乡（以上属大兴府）；潞、三河（二县属通州）；渔阳、遵化、丰润、玉田、平峪（以上属蓟州）；易、涞水（二县属易州）；范阳、固安、新城、定兴、奉先（以上属涿州）；温阳、密云（二县属顺州）；卢龙、抚宁、海山、迁安、昌黎（以上属平州）；义丰、石城、马城乐亭（以上属滦州）；归信、容城、保定（二县属雄州）；益津、文安、大城、信安（以上属霸州）；清苑、满城（二县属保州）；渥城、葛城、高阳（三县属安州）；遂城（属遂州）；安肃（属安肃州）等县。镇七为广阳（在今北京市大兴区）、石门（在遵化市）、韩城（在玉田县）、政满（在范阳县）、建昌（在迁安市）、榛子（在石城县）、新桥（在乐亭县）等。

七、 金中都城现存的几处遗址

13 世纪初，铁木真统一了蒙古其他部落，被尊为“成吉思汗”，并在 1206 年正式建立了蒙古大汗之国。1211 年春，蒙古骑兵开始南下伐金。两年后即 1213 年，蒙古大军兵分三路南下，还一度包围中都城；翌年中都城再度被围。金宣宗屈服议和，并以缴纳大量金银、童男女五百、马匹三千为代价，换取蒙古军的北撤。同年五月十八日，金宣宗逃离中都城，并迁都汴梁（开封）。1215 年蒙古骑兵攻破居庸关一带的天险，直趋金中都城下，并焚毁了中都城内金代的皇宫。

中都城作为金朝统治中心，前后共历 60 余年。而自 1215 年中都的宫殿被焚毁，迄今已过去 800 年，那么金中都城还有什么遗存值得人们去瞻仰、缅怀呢？

（1）金中都城垣遗址

城垣是中都城的标志，而中都城的城垣是在辽南京城的基础上分别向东西南三面各扩 3 里，夯筑新城墙的。东城垣长 4510 米，南城垣长 4750 米，西城垣 4530 米，北城垣长 4900 米。其西北角在今羊坊店附近，现尚有“会城门”地名留存；东北城角在今宣武门内翠花街附近：西南城角在今丰台区凤凰嘴村和万泉寺附近，至今尚有土城遗址，已列为市级保护单位；东南城角在今北京南站附近。

（2）金中都城南水关遗址

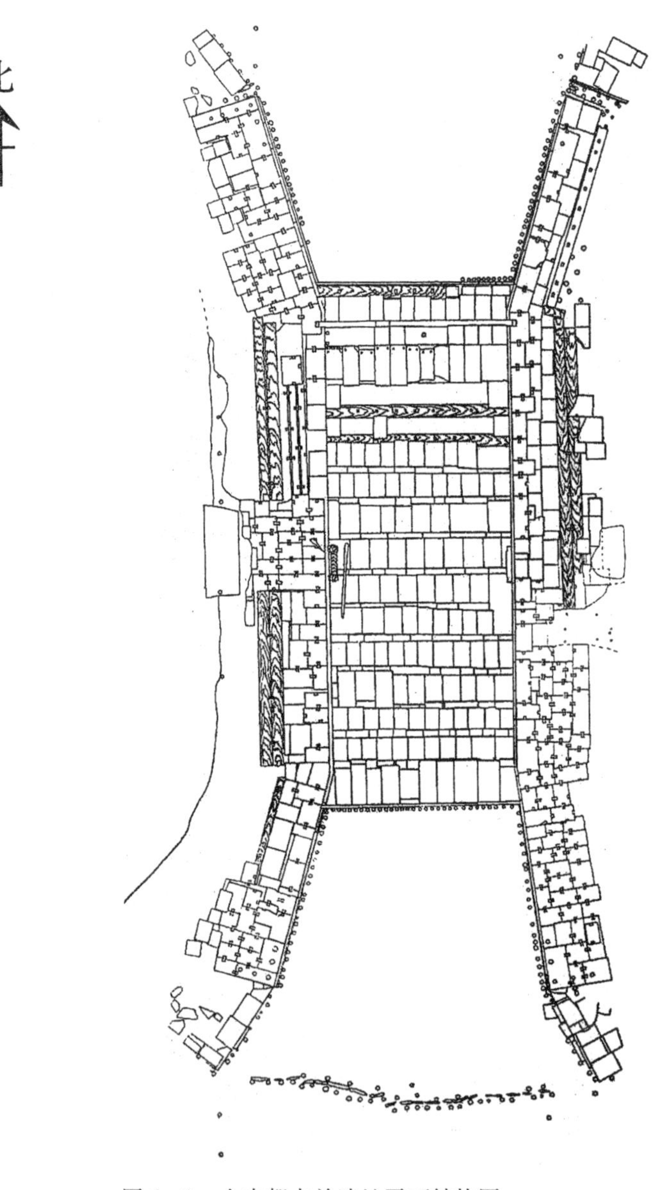

图 6－8　金中都水关遗址平面结构图

1990年10月在右安门外凉水河北，建设玉林小区挖掘地基时，发现金中都城南出水口（水关）。水关平面呈“］［”形，全长43.4米，过水地面石的长度是21.35米，两厢石壁之间宽7.7米，北面进水口宽11.4米，南面出水口宽12.8米，是一处木石结构的大型水关遗址。

水关遗址的发现，确定了金中都城西湖（今莲花池）水进入鱼藻池（今青年湖），过龙津桥向南，再过丰宜门、景风门之间的南城墙下流入护城河的确切路线。水关的整体结构与宋代《营造法式》相一致，是研究我国古代建筑和水利设施的重要例证。其于2001年6月25日被列为全国重点文物保护单位。

（3）金中都宫苑遗址——鱼藻池

金中都城宫苑遗址今可见者唯鱼藻池一处，其地在今白纸坊桥迤西200米处。鱼藻池原在宫城内的西南隅，其西隔宫墙与皇城内的西苑太液池（同乐园）一脉相通，同为皇家邀宴之所。鱼藻池内原筑有小岛（瑶屿），上建鱼藻殿，风景优美，于1993年列为市级文物保护单位。鉴于鱼藻池作为金中都宫苑遗址的唯一性和不可替代性，历史地理学家、北京大学教授侯仁之先生曾题写碑记并立于其间。侯仁之先生还建议把它开辟为“鱼藻池公园”：

> 金中都城宫苑遗址今可见者，唯鱼藻池一处。其地原在宫城内之西南隅，西隔宫墙与皇城内西苑之太液池一脉相通，同为皇家邀宴之所。鱼藻池内筑有小岛，上建鱼藻殿，风景佳丽，自在意中。泰和五年（1205年）端午节，金章宗拜天射柳，欢宴四品以上官员于鱼藻池。事载《金史·章宗本记》，去今适满750周年。而今历经沧桑，宫苑古建荡然无存，仅得鱼藻池遗址，即今青年湖。近年营建西厢工程，于鱼藻池东约200米，发现大型建筑遗址夯土层二处，南北相值，可以确定为金中都大安殿与大安门故址所在。鉴于鱼藻池遗址与研究金中都城宫苑方位密切相关，已列入北京市文物保护单位。

（4）金代皇宫的特有饰物——铜辟邪

1990年北京市政府在进行“西厢工程”（西二环路整修工程）时，于今白纸坊桥以北先后发现大型建筑遗址夯土层13处，并发掘到铜辟邪。经北京市文物研究所专家鉴定，这种铜辟邪也称坐龙，是金代安装在宫殿前平台上所设帷帐顶上的饰物，其形制也为金代所独有。考古工作者根据夯土层的分布情况确定了金代宫殿主殿大安殿及其南门大安门、应天门的位置。2003年，为纪念北京建都850周年，有关部门便依据这次考古发现的成果，把北京建都纪念阙安放在大安殿遗址前。

第七章

元大都城的城市形态和功能

北京的城市发展，如果从奴隶社会时代的蓟算起，一直到封建社会时代金中都城被焚毁，绵延两千两百多年。其城址一直位于今天北京城西南部、莲花池的东南，是在同一个原始聚落的基础上逐渐成长起来的。其城市的范围虽然不断扩大，城市面貌也发生了变化，但它原来的城址却始终没有改变。元代兴建大都时放弃了莲花池水系上历代相沿的城址，新建规模宏大的大都城。这实在是北京城市发展史上一个非常重要的转折点，在城市规划史上开启了一个崭新的篇章。

成书于春秋战国时期的《周礼·考工记》曾简述了城邑建设的测量问题，包括求水平、定方位等，而在“匠人营国”一节中又追述了周王朝营建都邑的制度，提出了一套至为理想的营国规制，即“匠人营国，方九里，旁三门；国中九经九纬，经涂九轨；左祖右社，面朝后市”。

然而，纵观元代以前出现在中华大地上的都城，虽然我们可以列举出许多卓有成就、规模宏大的王城规划设计，但是就其规划的匠意和布局的形式而言，最接近于《周礼·考工记》的“王城规制”的唯有元大都城。而这也是元大都城市形态的最大特点。元大都城的规划建设，在我国的城市规划史上占有非常重要的地位。

元大都是中国农耕文明时期传统都城的典型。它既追求《周礼·考工记》中所提出的王城规划的理想模式，又不拘泥于其城郭制度，而是依据实有的自然地理条件，因地制宜地决定城市空间布局的中轴线，并依据南北、东西相交而成的棋盘式道路以及按照井然有序的里坊制形式安排了全城的居住区——坊。此后，这又为明清时期的北京城所继承。

而通惠河的开凿，不仅满足了大都城漕运的需要，而且促进了南北经济、文化的大交流、大融合，形成了以积水潭（海子）码头为中心的商业、文化、娱乐中心。大都成为13世纪中国最繁荣的城市，也是当时世界上规模最大、最繁华的城市。

意大利著名的旅行家马可·波罗曾在大都城居住了17年。他于1295年返抵威尼斯后写了一本《马可·波罗行纪》，对大都的城池、宫殿、街道、商业等均有详尽的描述。他写道："全城中划地为方形，划线整齐，建筑房舍。每方足以建筑大屋，连同庭院园囿而有余。以方地赐各部落首领，每首领各有其赐地，方地周围皆是美丽道路，行人由斯往来。全城地面规划有如棋盘，其美善之极，未可言宣。"①

马可·波罗是在忽必烈至元末年，随父亲和叔父来到大都的。当时的大都城已经在按规划进行建设，他对大都城的描述，应该说是基本符合事实的。

黄仲文的《大都赋》这样写道："论其市廛，则通衢交错，列巷纷纭。大可以容百蹄，小可以方百轮。街东之望街西，仿而见，髣而闻；城南之走城北，去而晨，归而昏。华区锦市，聚万国之珍异；歌棚舞榭，选九州之秾芬……若乃城湮之外，则文明为舳舻之津，丽正为衣冠之海，顺承为南商之薮，平则为西贾之派。天生地产，瑰宝神爱，人造物化，山奇海怪，不求自至，不集而自萃……"②

明初，工部侍郎萧洵在他的《故宫遗录》中详细记述了元代宫殿的情况。他评价说："高明华丽，虽天上之清都，海上之蓬瀛，尤不足以喻其境也。"可叹的是，壮丽的都城建筑竟没有被保存下来，只留下萧洵的《故宫遗录》。

一、蒙古族的兴起与金中都城的衰落

蒙古族在唐时被称为"蒙兀室韦"，是我国北方地区一个游牧民族，原分布在今内蒙古自治区额尔古纳河一带。8世纪时，开始西迁至今蒙古国乌兰巴托以南地区。12世纪时，蒙古族社会经济有了显著发展，并逐步由氏族社会向奴隶制社会过渡。13世纪初，以铁木真为首的部落统一了其他各部，铁木真被尊为"成吉思汗"。1206年正式建立了蒙古政权，即蒙古大汗之国。

① 马可·波罗著，冯承钧译：《马可·波罗行纪》第二卷第七章，商务印书馆，1936年。
② 沈榜：《宛署杂记·民风一》，北京古籍出版社，1980年，第189－190页。

以成吉思汗为首的蒙古贵族向南方发动了大规模的战争。1211 年春，蒙古兵开始在克鲁伦河畔大本营召集军马大举伐金。两年后（1213）又兵分三路南下，还一度包围了中都城；翌年（1214）中都城再度被围，金宣宗屈服议和，并以缴纳大量的金银、童男女五百、马匹三千为代价，换取了蒙古军的北撤。[①] 同年五月十八日，金宣宗逃离中都城，并迁都汴梁（今河南开封）。但是，就在这以后的第二年，即 1215 年，蒙古骑兵顺利突破了居庸关一带的天险，直趋中都城下。可是，蒙古贵族当时并没有打算在这里建都。中都城内金代的皇宫被焚毁，中都城作为金朝的统治中心前后共历六十余年，是在北京原始聚落上发展起来的最后一座大城，却从此日渐衰落。

宋端平元年（1234），亦即在中都城宫殿被焚之后 20 年，有人曾目睹"行殿基存焦作土，踏链舞歌草留茵""瓦砾填塞，荆棘成林"的状况。王恽《燕城书事》诗亦叹曰：

都会盘盘控北陲，当年宫阙五云飞。
峥嵘宝气沉箕尾，惨淡阴风贮朔威。
审势有人观督亢，封章无地论王畿。
荒寒照破龙山月，依旧中原半落晖。[②]

自蒙古军攻进金中都并焚毁金代宫殿到忽必烈建成大都的半个世纪里，燕京仍然是华北平原上一个重要的中心城市。不仅如此，当时还有北城、南城之称，即把新建的大都城称为"北城"，原金中都旧城称为"南城"，且直到元至正二年（1342）仍延续"南北二城"的称呼。每至农历二月还有"踏青斗草"的习俗，即北城官员、士庶妇人女子，多游南城。虞隽《游长春宫诗·序》称："岁时游观，尤以故城为盛。"

二、　元定都燕京和大都城址的确定

自 1211 年成吉思汗伐金起至 1260 年忽必烈建立元朝的半个世纪中，蒙古军不断向中亚、东欧发动战争，并建立了地跨欧亚大陆的"大蒙古帝国"。但这时帝国的政治中心，仍然是蒙古草原上的哈喇和林（今蒙古国鄂尔浑河

① 《元史》卷一《太祖本纪》。
② 《日下旧闻考》卷二九《宫室》。

东岸），燕京只是蒙古统治者控制华北、中原的一个重要的战略据点。忽必烈以燕京为基地，在东部诸王和汉人将军、儒士谋臣的支持下，打败了位居漠北、代表草原贵族保守势力的阿里不哥，并取得了最后的胜利。接着他又积极改变旧制，建立了与中原经济基础大体相适应的封建王朝，仪文制度亦都运用汉法。忽必烈建国号"元"。"元也者，乾元之义。""元也者，大也。大不足以尽之，而谓之元者，大之至也。"[①] 年号"至元"乃"至哉坤元"之意，取自《易经》。

元至元元年（1264），忽必烈称汗。元初建时，仍以开平（今内蒙古自治区多伦附近）为都城，称上都。忽必烈曾下诏说："开平府阙廷所立，加号上都，外燕京修营宫室，分立省部，四方会同。"[②] 并将燕京改名"大都"，府名仍为"大兴"，以兼顾对华北、中原地区的统治，借以保证财赋收入。随着政治重心的南移，燕京的地位日趋上升。忽必烈胸怀灭亡南宋、统一中国的雄才大略，将都城南迁的愿望也日益强烈。《春明梦余录》载："元世祖尝问刘秉忠曰：'今之定都，惟上都、大都耳，何处最佳?'秉忠曰：'上都国祚近短，民风淳；大都，民风淫。'遂定都燕之计。"《续资治通鉴》载："景定四年（元世祖中统四年）春正月，蒙古刘秉忠请定都于燕，蒙古主从之。"巴突鲁更谓："幽燕之地，龙蟠虎踞，形势雄伟，南控江淮，北连朔漠。且天子必居中，以受四方朝觐。大王果欲经营天下，驻跸之所，非燕不可。"[③]

元至元三年（1266），忽必烈派遣刘秉忠来燕京相地。触目所及，燕京城的金代宫殿在惨遭燹变之后，虽已过去近半个世纪，但仍是一派荒草萋萋、"行殿基存焦作土"的破败景象。加之原中都城"水流涓微"，因此决定放弃燕京旧址，而在其东北以金代的琼华岛离宫为中心兴建新都——元大都。忽必烈决定放弃中都燕京旧城，史籍虽有上述记载，但并未有另觅新址创建大都城的明确原因。据笔者综合分析，大概有以下几个方面：

（1）蒙古风俗，每个蒙古大贵族都拥有数十辆，乃至数百辆的毡车和毡帐，统称为"斡耳朵"，以供其妻儿居住。自从元朝确立两京制度之后，这种大型的"斡耳朵"，就经常往来于大都和上都之间，蔚为壮观。但是，按

① 《国朝文类》卷四〇《经世大典序录·帝号》。
② 《元典章》卷一《建国都诏》。
③ 《元史》卷一一九《木华黎附巴突鲁传》。

照蒙古人的习俗，一个“斡耳朵”曾在某处安置，当它搬走以后，只要那里有任何曾经被火焚烧过的痕迹，那么，不管是骑马还是步行，就没有一个人再敢经过这一地点。[①] 蒙古人把废弃的古城遗址称之为“马兀八里”。“马兀”蒙语意为“坏”或“恶”；“八里”突厥语意为“城”。在被大火烧毁的亡金宫阙的废墟上重建新的宫殿，在蒙古人看来是一种禁忌。

（2）金中都城的水源主要依靠城西的莲花河水系，但是莲花河“水流涓微”，且“土泉疏恶”，难以满足都城发展以及漕运用水的需要。金时虽曾开发金口导引卢沟之水，但终因其“地势高峻，水性浑浊，峻则奔流旋回，啮岸善崩，浊则泥淖淤塞，积渣成浅，不能胜舟”而作罢。而且，终金一代，都未能圆满地解决漕运用水问题。忽必烈当然不愿因循守旧。而当时忽必烈的驻跸之所——琼华岛却有高梁河水系形成的丰沛的水源和广阔的水面，既可保障都城用水，又可为大都增添无限优美的自然风光。

另据清魏源《元史新编》卷一六载：“世祖（忽必烈）亦封皇子于长安，营于素浐之西，毳殿中峙，卫士环列，东间容车，帐间容帐；包原络野，周四十里，以为牙门，讥其出入，故老望之……以为威仪之盛，古名王雄藩所未有。盖元初中原藩王居帐中，不居城中。自中叶之后，始渐同汉俗，建宫坻城廓。”由此推测，忽必烈在燕京北郊驻跸时的状况大致与上述描绘相似，而规模应该比皇子所在的营地还要宏大，景象更加壮观。这种游牧民族特有的傍水驻营的习惯，也可能对大都新城的选址及布局模式产生深远的影响。

（3）永定河是逐渐由北而南迁徙的，并形成了大致以石景山为顶端的、面积宽阔的洪、冲积扇。金中都城地处这个洪、冲积扇脊部的西南侧，地势较低，而金口地势高出中都城约46米，势若建瓴，常受到卢沟洪水泛滥的严重威胁。大都城新址则位于永定河洪、冲积扇的脊部，处在“高毋近旱而水用足，下毋近水而沟防省”[②] 的有利位置，完全避开了洪水入城的危险。纵观元明清三代数百年间，永定河泛滥的洪水，从未进入内城（即元大都城），也正好说明了元大都的城址，是经过了周密的勘查之后才确定的。

（4）元世祖忽必烈崇尚“汉法”，而辅佐忽必烈并主持大都规划设计的幕僚刘秉忠更是力举儒学，推行“汉法”。所以，大都的规划完全继承和恪守《周礼·考工记》中所提出的有关王城建设的理念。另觅新址，可以摆脱

① 周良霄、顾菊英：《元代史》，上海人民出版社，1998年，第280页。
② 《管子·立政篇》。

因袭旧城的束缚，将此种理念付诸实践。事实上，建成后的“大汗之城”——元大都的城市格局，也完全证明了这一点。

三、元大都城的政治功能和规划建设

欧阳玄《圭斋文集》卷九“马合马沙碑”载：“至元三年（1266）定都于燕，时方用兵江南，金甲未息，土木嗣兴，属以大业甫定，国势方张，宫室城邑，非巨丽宏深，无以雄人表。”这说明在忽必烈定都燕京之初就拟建一座“巨丽宏深”的都城。

元大都的规划建设完全恪守《周礼·考工记》中有关王城的规制匠意，又密切结合高梁河水系的地理特点。为了把高梁河水系的天然湖泊纳入大都城中，便以天然湖泊东面的最远端点，即今万宁桥（又称海子桥、地安门）作为基点，往西以包括积水潭在内的距离作为半径，来确定大都城东西两面城墙的位置。只是由于东墙规划的位置刚好在低洼地带，难以筑墙，只得向内稍作收缩。这样，在以海子桥为基点向南延长的，规划建设的实际中轴线之西129米处，又出现了一条控制大都城北半部的几何中分线。大都城就是依据这两条中轴线完成整座城的规划建设的。

图7-1　整修后的万宁桥（海子桥）（朱祖希 摄）

元至元四年（1267），营建新都的工程正式破土动工。二月“发中都、真定、顺天、河间、平滦二万八千余人筑宫城”①，至元九年（1272）二月明令改中都为大都；五月，宫城初建东、西华门，左、右掖门；至元十年（1273）十月，初建正殿、寝殿、香阁周庑两翼室。至元十一年（1274）正月，宫阙建成，忽必烈在御正殿，受百官朝贺；四月，初建东宫；十一月，起阁南直大殿及东西殿。至元十三年（1276），城成。至元十八年（1281）开掘城壕。至元二十四年（1287），筑城工程全部完成。自此，一座雄伟壮丽、举世无双的都城矗立在华北大平原的北端，而通惠河的开凿更促进了大都城的繁荣。随着城市经济的迅速发展、对外交流的日趋广泛和频繁，大都成为闻名世界的城市。

1．大都城的城垣和城门

图7－2　元大都城北土城排水口遗址（朱祖希 摄）

① 《辍耕录》卷二一《宫阙制度》：“大内于至元八年十七日动工，明年三月一日完工。”

图 7-3　今日的元土城遗址公园（朱祖希 摄）

大都城坐北朝南，呈一个规正的长方形形状，“城方六里，门十一座”。其总体模式，虽然严格遵循《周礼·考工记》所说的传统规制，但实际营建的规模，却远远超过“方九里”的模式。经考古勘查，大都城周长 28600 米，东城墙长 7590 米，西城墙长 7600 米，北城墙长 6730 米，南城墙长 6680 米。四周辟门 11 座：正南三门，左为文明门（今东单南），正中为丽正门（今天安门南），右为顺承门（今西单南）；北面二门，东为安贞门（今安定门外小关），西为健德门（今德胜门外小关）；东面三门，自北而南为光熙门（今和平里东）、崇仁门（今东直门）、齐化门（今朝阳门）；西面三门，自北而南为肃清门（今学院路西端）、和义门（今西直门）、平则门（今阜成门）。北城墙和东西城墙北端，至今仍有遗迹可见，南城墙在今东西长安街南侧，城墙全部用夯土筑成，并在夯土中采用了“永定柱”竖柱和“维木”横木，其作用相当于在水泥混凝土中置放钢筋。经实测，墙基宽 24 米，墙体往上略有收分，其基宽、墙高和顶宽之比为 3∶2∶1。

为防止雨水冲刷和排水防浸，城墙顶部还设有半圆形瓦管用于排水，并用苇帘子自上而下将整个城墙遮盖起来，称“蓑城”。历史上大都又有“三

头六臂哪吒城”之称，即南面三城门为“三头”，东西两面三城门为“六臂”，北面两城门为“两只脚”。

城的四角还设有角楼。今建国门南侧的古观象台，就是元大都城东南角楼的旧址。为加强防御，城墙外侧还等距离建有墩台，即“马面”，其外有护城河环绕。至正十九年（1359），元顺帝还曾下诏“京师十一门皆筑瓮城，造吊桥”[①]。

1969 年在拆除西直门箭楼时，发现了元大都和义门瓮城城门遗址。门洞内的题记说明它建于至正十八年（1358），城门残高 22 米，门洞长 9.92 米，宽 4.62 米。城楼虽已被毁，但尚存从城楼向门洞木门上漏水的灭火设备。木门已无存，仅余承受门轴的半圆形铁制“鹅台”和门砧石。[②]

2. 大都城的规划和空间布局

如前所述，大都城的空间平面布局是按照《周礼·考工记》中所载的王城之制，结合地理特点，经过非常周密的规划设计的。全城规划整齐，井然有序。

（1）宫城位置的确定

大都城城址的选择，首先考虑以原金中都城东北郊大宁宫琼华岛太液池为中心的宫殿建筑的布设，即在湖泊的东岸兴建宫城（大内）；西岸另建南北两组宫殿，南为隆福宫，北为兴圣宫，分别为皇室所居。琼华岛万岁山之南的小岛叫作“圆坻”，也称瀛洲（今团城的前身），与琼华岛有长达二百尺（约合 64 米）的汉白玉石桥相连；另从圆坻建木桥连接太液池东西两岸。这样就形成了“三宫鼎峙”的格局，并以此为出发点，环绕三宫修筑皇城（也称萧墙或红门阑马墙）。皇城之外再建外城郭即大城。[③]

元代大内宫城正殿大明殿，则是一座工字形平面的大型建筑，前方为正衙，后方为寝殿，中间设连廊，为“前庙后寝”的平面布局。大明殿之后，又另设工字形平面的寝殿延春阁。从总体布局上，又是一个“前庙后寝”的格局。元大都的中央官署是分散设置的，大多在大都城的东南部和中部。

① 《元史·顺帝本纪八》。
② 中国社会科学院考古所：《新中国的考古发现和研究》，文物出版社，1984 年。
③ 元大都的建设先从建筑宫殿开始，参见赵翼《廿二史札记》卷二七“元筑燕京”条。

图7-4　今日北海公园中的琼华岛（朱祖希 摄）

（2）全城平面布局中心的确定

大都城宫城的位置既已确定，便将宫城的中心建筑群——大明殿、延春阁置于宫城的中轴线上，从而显示出封建帝王至高无上的地位。并以此为依据，沿宫城的中轴线向北延伸至太液池上游的另一处（即积水潭的东北岸），这样就确定了全城平面布局的几何中心点。并在其东延的相交处建“中心阁”，其位置相当于今天城内鼓楼所在的地方。[①]“阁之西，齐政楼也，更鼓礁楼。楼之正北乃钟楼也。”[②]《析津志》说：“中心台，在中心阁西十五步，其台方幅一亩，以墙缭绕，正南有石碑，刻曰‘中心之台’，实都中东西南北四方之中也。”

这也就是说，元大都城规划建设的中轴线有两条：北半城以齐政楼为标志的全城几何中分线（即今日旧鼓楼大街的位置）和南半城的规划建设中轴线。

① 中国社会科学院考古研究所徐苹芳先生根据钞本元《析津志》，抄录如下一条：“中心台在中心阁西十五步，其台方幅一亩，以墙缭绕，正南有石碑，刻曰：‘中心之台’，实都中东南西北方之中心，在原庙之前。”原庙即大天寿万宁寺。

② 《日下旧闻考》卷九十四《城市》，转引自《析津志》。

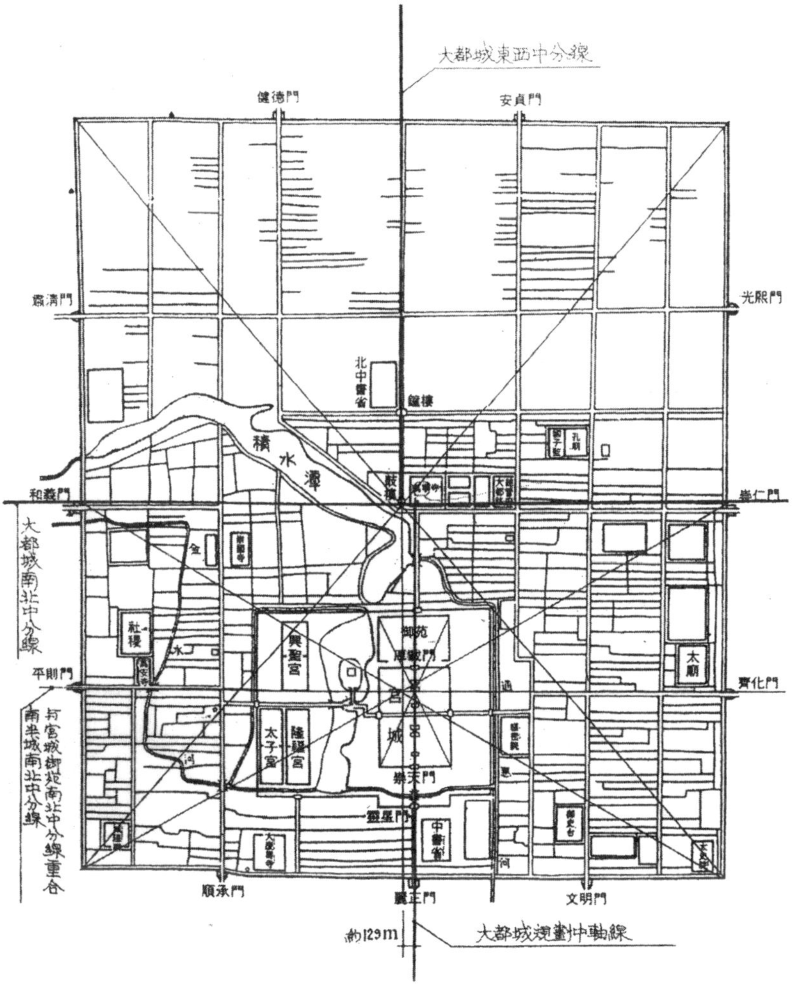

图7－5 元大都平面图

资料来源：傅熹年：《中国古代城市规划建筑群布局及建筑设计方法研究》

在城市规划设计中，在实测的全城中心做标志，无疑是我国城市规划史上的一大创举，既史无先例，也表明在城市规划建设中重视测量技术。事实上，元代的中心阁和钟鼓楼构成了全城的中心区，大都的布局，都是围绕着这个中心区展开的。

众所周知，钟和鼓都是发声器，而且都是古代祭祀或战争中常见的击打发声器。我国的钟文化源远流长，甚至可以追溯到五千多年前的仰韶文化时期。河南陕县庙底沟出土的细泥红陶制成的陶质钟（铃）可算是中华民族钟（铃）的“始祖”。以后随着青铜文化的出现，铜钟和铜鼎都成了权力地位的象征。元大都在几何中分线的南端设置了钟、鼓二楼，既表明了这里是大都城真正的中心所在，也以钟声与鼓声来表明帝王的权力。马可·波罗写道："城之中央有一极大宫殿，中悬大钟一口，夜间若鸣钟三下，则禁止人行。"[①]熊梦祥也说："阁四阿，檐三重，悬钟于上，声远愈闻之。"[②]

唐长安城原有街鼓制度，入夜街鼓打响后实行宵禁，坊门紧闭，街上禁止通行。自北宋汴京准许开放夜市之后，街鼓制度即被取消，街上通宵可行，每日清晨靠寺院行者打铁牌子或敲木鱼沿街报晓。南宋临安也是如此。金在中都、汴京设文武楼，即在皇城的东西长廊南端的东西两侧建钟、鼓二楼。元大都沿用这种制度，且将其置于城中心，从而成为中国都城规划史上的一种创举，并为明清两代所继承。

实际勘探业已证明，元大都的皇城位于全城南部的中央地区，宫城偏在皇城的东部。纵贯宫城中央的南北大路，也就是元大都城的中轴大路，已被发现。考古钻探的结果纠正了以前认为元大都城中轴线偏西的说法，证明元大都的中轴线即明清北京的中轴线，两者相沿未变。[③]

（3）大都城的街道和坊巷

大都城的中心点和外郭城四至的确定，对于整个城市的街道坊巷的布局，起了决定性的作用。每座城门以内都有一条笔直的干道。

两座城门之间，除少数例外，也都加辟了一条干道。这些干道纵横交错，连同顺城街在内，全城共有南北干道和东西干道各9条。其中丽正门的干道，越过宫城中央向北直抵中心台前，正是沿着全城的中轴线开辟出来的。从中心台向西，沿着积水潭的东北岸又开辟了唯一的一条斜街，使纵横交错的棋盘式道路格局，又有了新的变化。[④]

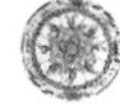

全城的街道都有统一的标准。"自南以至于北谓之经，自东至于西名之纬，大街二十四步阔，小街十二步阔。"南北与东西街道相交形成一个个棋盘格式的居民区。在两条南北街道之间开有平行的小巷，称为"胡同"。全城共有"三百八十四火巷，二十九衖衕"[⑤]。胡同一般为6步。5尺为一步，元代一尺合今0.30～0.32米。这就是说，大街宽37～38米，小街宽18～19

---

① 《马可·波罗行纪》，第二卷，八十三章。

② 熊梦祥：《析津志辑佚·古迹》。

③ 中国社会科学院考古研究所：《新中国的考古发现和研究》，文物出版社，1984年。

④ 侯仁之：《元大都城与明清北京城》，载《历史地理学的理论与实践》，上海人民出版社，1979年，第165－166页。

⑤ 熊梦祥：《析津志辑佚》，北京古籍出版社，1981年，第603页。

米，胡同宽 6 ～ 7 米。[①] 今天北京城内有些街道和胡同，仍然保留着元代的格局。从东四（牌楼）一条至十二条、西四（牌楼）头条至八条的胡同就是最典型的例子。无怪乎马可·波罗在游记中这样赞美元大都城："街道甚直，此端可见彼端，盖其布置，使此门可由街道远望彼门也。城中有壮丽宫殿，复有美丽邸舍甚多。各大路两旁，皆有种种商店屋舍。全城中划地为方形，划线整齐，建筑屋舍。方地周围皆是美丽道路，行人由斯往来。全城地面规划有如棋盘，其美善之极，未可言宣。"

大都城是依据"八亩"方地为单位进行分配的，一般住户可以在这八亩宅基地上建造住房，官僚和富户自然可以多占。于是，形成了一个个四合院。

大都城内皇城以外的居民区共划分 50 坊，坊各有门，门上署有坊名。其名大都源自《周易》《尚书》《孟子》《左传》等典籍。

各坊之间以街道胡同为界，不设封闭的坊墙，以方便居民的出入和交往。《元史·世祖本纪》载："至元二十二年（1285）二月壬戌，诏旧城（指金中都城）居民之迁京城者以赀高及居职为先，仍定制以地八亩为一份，其或地过八亩及力不能作室者，皆不得冒据，听民作室。"可见当时是先将全城划分成若干份，并按份授地。其基本模数为 50 步（这个数字是元大都两条胡同之间的距离，它也是大都城内大型建筑，如坛庙、衙署占地的基本模数）。这样，就保证了大都城街坊的整齐划一。如当时的太史院就是南北长四条胡同的距离，即 4 × 50 步，东西宽 3 条胡同的距离，即 3 × 50 步。它虽然突破了胡同的范围，但仍以胡同为单位。再如兴圣宫、隆福宫、中书省、枢密院、御史台、太庙、社稷坛等，其形制是南北长 5 × 50 步，东西宽 4 × 50 步；次一级的机构，如大都路总管府、太史院、国子监等，则为南北长 4 × 50 步，东西宽 3 × 50 步。[②] 一般住宅只能是 8 亩，例如，在东四三条至四条之间，从西口到东口正好是占地 80 亩，可分配住户 10 家。在城市中严格按照等级来规划建设，正是中国封建社会时期城市规划的特色。

① 元代量地尺每尺约 0.308 米；五尺为一步，合 1.54 米。

② 徐苹芳：《古代北京的城市规划》，载《环境变迁研究》第一辑，海洋出版社，1984 年，第 118 - 119 页。

表 7－1　元大都 50 坊名及其方位表

坊名	位置	坊名	位置
福田坊	白塔寺西	时雍坊	宣武门内大街路东
阜财坊	宣武门内	乾宁坊	城北垣外（西北）
金城坊	阜成门内锦什坊街	咸宁坊	西四北大街西
玉铉坊	旧鼓楼大街西	析津坊	什刹后海一带
保大坊	南池子大街东	和宁坊	平安里
灵椿坊	鼓楼东大街北	清远坊	城北垣外
丹桂坊	城北垣外	日中坊	鼓楼西大街
明时坊	崇文门内大街东	寅宾坊	朝内东四二条、三条一带
凤池坊	什刹后海铸钟厂	由义坊	西四北大街西
安富坊	西单北大街西	西成坊	西四北大街一带
怀远坊	城北垣外	居仁坊	东四北大街一带
太平坊	城北垣外	仁寿坊	铁狮子胡同南
大同坊	城北垣外	万宝坊	中山公园西
金台坊	鼓楼东	甘棠坊	德胜门外小西关
金台坊	鼓楼东	甘棠坊	德胜门外小西关
五福坊	钟鼓楼西	澄清坊	崇文门西大街北路西
泰亨坊	城北垣外	里仁坊	钟鼓楼西北
八政坊	什刹海西	居贤坊	国子监街东北
招贤坊	旧鼓楼大街一带	南薰坊	南池子大街南路东
鸣玉坊	阜城门内大街北	迁善坊	德胜门外大街一带
思诚坊	朝内大街南	可封坊	德胜门外小西关
皇华坊	朝内大街南	昭回坊	鼓楼东大街南
明照坊	朝内大街路南	靖恭坊	鼓楼东大街西路南
蓬莱坊	安定门内大街路西	善俗坊	德胜门外小关西
训礼坊	西四南大街一带	展亲坊	什刹前海西

注：至元二十五年（1288），元朝始定大都街道坊门，由翰林院拟定名号。城内共 50 坊，属大都右、左警巡二院。

（4）市场的分布

市场的布设与街道的布局和交通条件有着密切的关系。其主要的市肆集中在三处：一处为斜街，亦即中心台以西地区，称斜街市，属日中坊。[1]“西斜街临海子，率多歌台酒馆，有望湖亭，昔日皆贵官游赏之地。”这里紧靠积水潭，亦即元时开凿的南北大运河的终点，来往船只频繁，是全城最繁华、商业最集中的所在。另一处在今西四（牌楼）以南一带，名羊角市，恰当西城交通冲要之地，是羊市、马市、牛市、骆驼市、驴骡市分布的地方。还有一处则是东四（牌楼）西南，亦当东城适中之地，称旧枢密院角市。其他还有钟楼前十字街西南的米市、面市，丽正门外、哈达门（今崇文门）外、和义门（今西直门）外的菜市，文明门外的猪市、鱼市；钟楼附近的帽子市、缎子市、铁器市、珠宝市（旧作沙喇市，“沙喇”即珊瑚），和义门、顺承门、安贞门外的果子市，以及南城（金中都城）大悲阁附近的蒸饼市、胭粉市、穷汉市等。

图7－6　什刹海——元时京杭大运河的北端码头（朱祖希 摄）

元时供应大都的漕粮自南方沿运河北上，经今北运河、潮白河上溯，在今通州南的张家湾和潞县经由文明河，即由张家湾西行，至董村折向西北，至今崇文门以东与金旧闸河相合，或经通惠河西运，入城后再沿皇城东墙外直北，过万宁桥（海子桥）、澄清闸进入海子（积水潭）。另有一路则是沿温

① 《日下旧闻考》卷五四。

榆河北上，由东西坝河转运至大都城内。在元代中期以后，通惠河是大都漕运的主要通道。因此，元代的仓储大多分布在大都城东，西部仅有积水潭北、肃清门内的万亿库和行用库。

《析津志辑佚》“丰裕仓”条记载：“至正十九年（1359）十月内，于海子岸东胭粉库置仓廒、仓赤，轮流管领收文。”又说：“为收江淮财赋府粮斛，仓房窄狭竦漏，并文明门外丰裕仓内收储。”[①] 这一情况说明了丰裕仓所在的位置，也说明即便是海子周围的仓廪也不是一开始就受领来自通惠河漕运的货物的。

（5）大都城的供水和排水系统

为了保证城市用水，大都在规划建设中开辟了两条水道。一条是由高梁河、海子、通惠河构成的漕运水系。高梁河由和义门以北入城，汇入海子（积水潭），再经海子桥往南，沿皇城东墙流出城外，折而往东，直达通州。另一条直接自玉泉山下引水，由金水河、太液池构成宫苑用水水系，又称“御沟”。金水河由和义门以南约120米处的水门入城，东流至今北沟沿南折，经马石桥、前泥洼、后泥洼到甘石桥，进灵境胡同。此水共分两支：一支向东北流，绕过毛家湾，在皇城西北角处向东流入北海；另一支则一直向东流，穿过府右街进入中海（太液池），过周桥，出皇城与通惠河相汇合。由于这是专供宫廷用水的水系，元初就有“金水河濯手有禁”的规定，其后的《都水监记事》记得更清楚：“金水入大内，敢有浴者、浣衣者、弃土石瓴甑其中、驱牛马往饮者，皆执而笞之。”不仅如此，元政府还曾下令禁止在玉泉山“樵采渔弋”以涵养水源。大都城内的普通居民大多饮用井水。“帝王阙内置金水河，表天银汉之义也，自周有之。”[②] 由此可见，大都城内金水河的开凿，是与宫阙的规划密切相关的。金水河上的周桥，也同样是传统的旧称。

大都城内主要的南北大街，都设有排水干渠，其两侧更有与之垂直的暗沟，排水方向与大都城内自北而南的地形坡度相一致。这在地面施工之前就已经考虑到并进行设计实施。1970年考古工作者就曾在今西四十字路口北侧地下发现用青石条砌筑的明渠，其上还刻有“致和元年（1328）五月□日石匠刘三”的题记。这是大都城内南北大街的排水干渠，其渠宽1米，深1.65米。不仅如此，考古工作者还曾在大都城东墙中段和西墙北段的夯土墙基下，

---

① 熊梦祥：《析津志辑佚·工局廪》。
② 王三聘：《事物考》卷一。

发现了两处残存的石砌排水涵洞。涵洞的底部和两壁都用石板铺砌，顶部用砖起券。洞身宽2.5米，长约20米，石壁高1.22米；涵洞内外侧各用石料铺砌出6.5米长的出入水口，整个涵洞的石底略向外倾斜；涵洞中心部位装有元大都北土城排水口遗址一排断面呈菱形的铁栅棍，栅棍的间距为10～15厘米；石板接缝处抹白灰，并平打了很多“铁锭”；涵洞的地基满打“地钉”（木橛），在“地钉”镶卯间掺用碎砖、石块夯实，并灌以灰浆，再在此基础上，铺砌涵洞底石和两壁。整个涵洞的建筑做法与《营造法式》所记“卷辇水窗”的做法完全一致，特别是满用“铁锭”、满打“地钉”和横铺“衬石枋”等做法，是宋元以来常见的形式。这不仅说明元初修筑大都城时的官式石工做法，仍继承了北宋以来的传统，而且足以证明其是在修筑之前就已规划设计好了的。

四、元大都宫城的空间布局

在元大都城的平面设计中，宫城的布局具有举足轻重的地位。因为这里是统治中心，其建筑风格、规划，乃至它们的命名，亦都本于汉制。

根据《辍耕录·宫阙制度》记载，宫城“东西四百八十步，南北六百十五步，高三十五尺，砖甃。……分六门，南曰崇天……左右趓楼二。……阙上两观皆三趓楼。连趓楼东西庑各五间。……诸宫门皆金铺朱户，丹楹藻绘，彤壁琉璃瓦屋瓦饰檐脊。崇天之左曰星拱……崇天之右曰云从，制度如星拱。东曰东华，……西曰西华，制如东华。北曰厚载，……深高如西华。角楼四，据宫城之四隅，皆三越楼，琉璃瓦饰檐脊”。这里所记的宫城阙门以及四隅角楼的规制与今日所见的明清紫禁城极相似，只是局部略有不同。例如，崇天门的规制应是模仿唐宋宫城的“五凤楼”，而明清紫禁城的午门，是保留到现在的一种典型。只是现在所见的午门两旁并不像这里所记的有“星拱”“云从”二门罢了。[①]

宫城内的主要建筑分南北两组。南面的一组以大明殿为主体。大明殿乃是“登极、正旦、寿节会期之正衙”[②]，殿址在宫城的中心线，即全城的中轴

① 侯仁之：《元大都与明清北京城》，载《历史地理学的理论与实践》，上海人民出版社，1979年，第165－166页。

② 《辍耕录》卷二一《宫阙制度》。

线上。萧洵《故宫遗录》载："殿基高可十（一作五）尺，前为殿陛，纳为三级，绕置龙凤的石阑。阑下（一作外）每楯（一作柱）压以鳌头，虚出栏外，四绕于殿。"殿后有柱廊，直通寝殿。寝殿东西，又有两殿左右对称，与大明殿合成"工"字形。

大明殿四面绕以周庑，共120间，南北狭长，略呈长方形，四隅有角楼。东西庑中间偏南各建有钟楼（又称"文楼"）和鼓楼（又称"武楼"）。"北庑正中又有一殿，适在寝宫之后。周庑共开五门，南面三门，正中大明门，为南区宫殿的正门；北面二门，东西各一门。凡诸宫周庑，并用丹楹彤壁藻绘，琉璃瓦锦檐脊。"① 殿中除设七宝云龙御榻外，还设有皇后的座位，两旁则是诸王、百寮、怯薛官侍宴坐床重列，装饰富于蒙古族"毡帐"的色彩，广泛使用壁毯、地毡。入门处有木质银里漆瓮一，高1.7丈，可贮酒50石，旁置雕像酒桌，又有玉编磬、玉笙、玉箜篌及巨笙等乐器。丹墀之前，还种有一种从漠北引种过来的"誓（或作'思'）俭草"以示子孙勿忘草原。北面的一组以延春阁为主体，为后廷。整个后廷的平面设计和建筑规制与前朝基本相同，只是周庑172间，较前朝周庑多出25间，应是加长了东西两庑，形成更为明显的长方形。此庑不设门，这也是与前朝的不同之处。

在前朝与后廷两组宫殿之间，有横贯宫城的街道，东出东华门，直通皇城东门——朝阳桥（即枢密院桥）；西出西华门，稍向北折，然后西转，过木桥至圆坻（今团城）仪天殿。

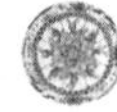

整个宫城的平面布局，在前后周庑以内，严格遵循轴线对称的原则，规模宏伟，布局谨严。值得注意的是，原先设置在宫城前的宫廷广场，移到了皇城的正门前方来。其结果是大大加长了从大城正门（丽正门）到宫城正门（崇天门）的距离，而且增强了在建筑上的层次和序列，从而使宫城的位置更为突出，更显得森严，并为明北京城所传承。宫城之北为御苑，南起厚载门以北，北至今地安门内，西邻太液池。《辍耕录》载："厚载门北为御苑，外周垣红门十有五。"

大都城从至元四年（1267）开始兴建，到至元二十二年（1285）全都建成，历时达18年之久。其中仅宫城部分，便花了4年的时间，当时征调了中都、真定、顺天、河间、平滦等地的民夫达2.8万余人。实际上参与此项工

① 《辍耕录》卷二一《宫阙制度》。

程的人数远超过这个数字，其所涉及的地区不仅限于全国各地，甚至还有来自亚洲其他国家的各色手工匠人。因此，在大都城的城市规划和设计上，可以明显地看出它不仅继承了我国古代帝都规划建设的原则，并有所发展，而且还引用了域外的建筑形制和技巧。由此可知，大都城既是我国各族人民共同创造的杰作，同时也包含了亚洲人民的智慧和结晶。

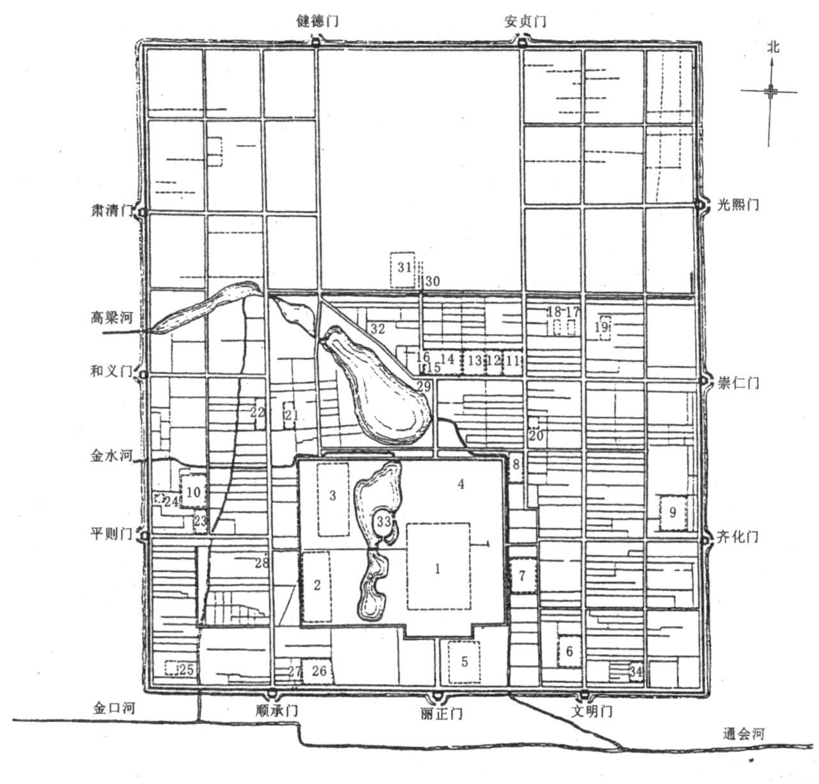

图 7－7　元大都平面复原想象图

资料来源：齐敦桢主编《中国古代建筑史》

图内注释：

1. 大内	2. 隆福宫	3. 兴圣宫
4. 御苑	5. 南中书省	6. 御史台
7. 福密院	8. 崇真万寿宫（天师宫）	9. 太庙
10. 社稷	11. 大都路总管府	12. 巡警二院
13. 倒钞库	14. 大天寿万宁寺	15. 中心阁
16. 中心台	17. 文宣王庙	18. 国子监学
19. 柏林寺	20. 太和宫	21. 大崇国寺
22. 大承华普庆寺	23. 大圣寿万安寺	24. 大永福寺（青塔寺）
25. 都城隍庙	26. 大庆寿寺	27. 海云可庵双塔
28. 万松老人塔	29. 鼓楼	30. 钟楼
31. 北中书省	32. 斜街	33. 琼华岛
34. 太史院		

五、元大都城对水源的开发[①]

据《元史·食货志》记载，元朝一年的粮食征收达1200余万石。除去与大都城邻近的北方地区征收的220余万石以外，其余从各行省征收790余万石，其中最多时要有300万石海运到京城，少则也有几万石。因此漕运的任务相当繁重。所以，元初即着力开辟南北大运河，同时又大力发展海运。但是无论是河运，抑或是海运的漕粮，只能是先到通州。从通州到大都数十公里的路程，只得靠陆运，每年耗资甚大。每年仅仅用于车马运输的费用便高达6万缗（mín，古代穿铜钱用的绳子，每缗为1000文），而且“方秋霖雨，驴畜死者不可胜计”[②]。据史书记载，“中统三年（1262），（张）文谦荐守敬习水利，巧思绝人。世祖召见，面陈水利六事：其一，中都旧漕河，东至通州，引玉泉水以通舟，岁可省雇车钱六万缗……每奏一事，世祖叹曰：‘任事者如此，人不为素餐矣。’”[③]

1. 新城的奠址与水道的关系

蒙古太祖十年（1215）出兵攻破中都，中都的皇城宫阙为兵火所毁。[④]此后过了半个世纪，忽必烈即帝位后，才决定从蒙古高原上迁都到这里，并在中都旧城东北郊外，另筑新城，这就是大都城。

大都城的建筑，说明了北京的城址，已经从莲花池的下游，转移到高梁河上。这一转移，为宫苑供水提供了更为良好的条件。远在12世纪后半期，金朝的统治者已经利用高梁河水所灌注的一片湖泊作为中心，建造了一座大宁离宫。这时忽必烈又选择了大宁离宫作为中心，建造了一座崭新的大都城。大宁离宫中这一片湖泊，可能就在这时又经过进一步的开发，逐渐接近今日北海与中海的形势[⑤]，并且获得了太液池的名称。大都城的宫殿，就分布在太液池的东西两岸，周围绕以萧墙，这就是旧日所谓皇城。皇城以外，再建大城，从此高梁河的中游就被圈入城中。

① 此节文字和图件引自侯仁之先生《北京都市发展过程中的水源问题》“元大都城的水源”一节，载《历史地理的理论与实践》，上海人民出版社，1979年。

②③ 《元史》卷一六四。

④ 《二十二史札记》卷二七“元筑燕京”条。

⑤ 南海是明朝初年改建大都城时所开凿。

还在金朝初年，今日万寿山山麓的流泉，兼有玉泉山诸泉下游的一支，就已经被导入高梁河的上源，流入闸河。这时这条水道仍被保留下来，专作漕粮的运输，这在下文还要细讲，此处不多赘述。这里应当说明的是皇城以内太液池的水源问题如何解决。本来太液池也是高梁河所灌注的，不过现在这一片湖泊已在宫禁之内，供水的情形也就与前不同了。根据所获得的一些片段记载，可以推断从大都初建时起，玉泉山诸泉之水就经过专辟的渠道，从和义门（今西直门）南水门引入城中①，流经宫苑，注入太液池，其下游绕出宫禁前方以与运河相会，名曰金水河。现在北京城内天安门前有“外金水河”，即是旧制的蜕余。但是金水河上游入城之道，湮废已久，故迹难寻，现在只有玉泉山前一段，尚保留有“金河”的名称，其下游在昆明湖以南，已与长河（玉河）汇流。但在元朝，金水河一直是独流入城的，不得与他水相混。在遇有其他水道的地方，都要架槽引水，横过其上，名为“跨河跳槽”，而且“金水河濯手有禁令”②，悬为明令。这一切都说明了从元朝初年起，玉泉山诸泉之水，已为皇家宫苑所独专。

2. 新水源开发与旧闸河的改造

大都宫苑用水的问题既已交代清楚，接着就应该来研究运河水源的问题了。

忽必烈灭了南宋，统一了全中国，其统治范围远远超过了金朝，而大都城对于漕粮的依赖，也已数倍于中都。元朝不但积极开辟南北大运河，而且还大力发展海运。无论河运或海运的漕粮，都是先到通州，再转输京师。

还在大都未建之前，当时杰出的水利工程专家郭守敬就曾建议引用玉泉山水以通漕：“中统三年（1262）……公（郭守敬）面陈水利六事，其一：中都旧漕河，东至通州，灌以玉泉水，引入行舟，岁可省雇车钱六万缗。”③但是这个计划未能实现，因为五年以后新建大都城，玉泉山水已专为宫苑之用。因此，要想引水济漕，还必须另寻水源。

在水源问题未得到解决之前，从通州到大都的漕粮，只好依靠陆运，但是劳费甚大，郭守敬说每年车费达六万缗，《元史》本传也曾记道：“通州至

---

① 《元史》卷六四《河渠志》“金水河”节：“金水河其源出于宛平县玉泉山，流至义和门南水门入京城，故得金水之名。”按义和门应作和义门。

② 《元史》卷六四《河渠志》“隆福宫前河”节。

③ 苏天爵：《元朝名臣事略》卷九，“畿辅丛书”本，页五上一一下。

大都陆运官粮，岁若干万石，方秋霖雨，驴畜死者不可胜计。”①

因此，恢复河运，仍然是非常必要的。一直到了至元二十八年（1291），郭守敬才又第二次建议，另用昌平白浮泉水，引入旧闸河以济漕运，他的原文是这样的：“……大都运粮河，不用一亩泉旧源，另引北山白浮泉水，西折而南，经瓮山泊，自西水门入城，环流于积水潭，复东折而南，出南水门，合入旧运粮河，每十里置一闸，比至通州，凡为闸七。距闸里许，上重置斗门，互为提阏，以过舟止水。”②

这一段话非常重要，不但说了引水的来源和经过的路线，而且说明了建立水闸和设置斗门的作用。这样的水闸和斗门实际上就是现在所谓船闸，既可节水，又便于行舟，这是很值得注意的。

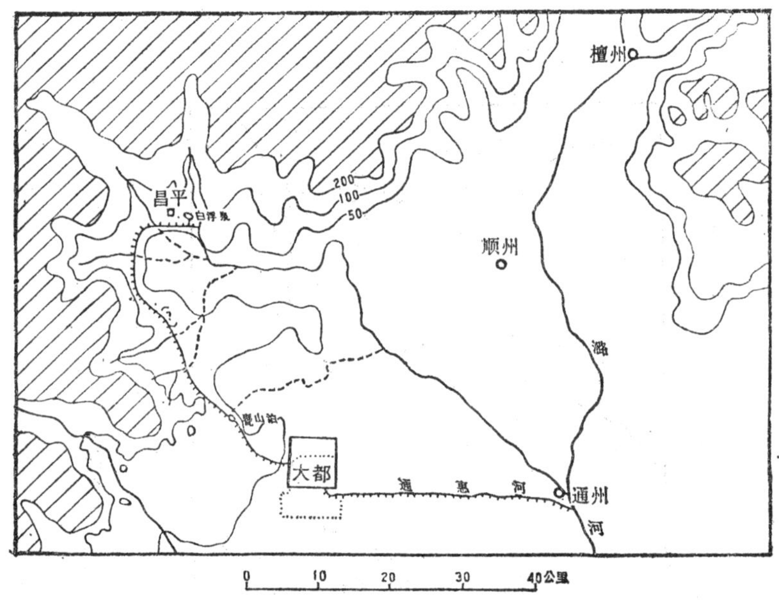

图 7－8　元白浮泉渠道图

郭守敬这次的建议不但实现了，而且取得了空前未有的效果。至元二十九年（1292）河道告成，粮船可从通州以南高丽庄经闸河径入都城，一直停泊在积水潭，史文有“舳舻蔽水”的描写，可以想见当时的盛况。为此，这

①② 《元史》卷一六四《郭守敬传》。

条闸河被命名为“通惠”①，这个名称一直保留到今天。②

但是通惠河的上源，自白浮泉以下至瓮山泊，这一段很难维持长久。原因是这一段引水渠道与西山大致平行，每当雨季，山洪暴发，引水渠道必为所毁。元朝虽然设有专官修守，但由于工程技术的限制，也未能克服山洪的威胁。因此，终元一代，通惠河的运输，仍难免遭遇到水源不足的困境。③

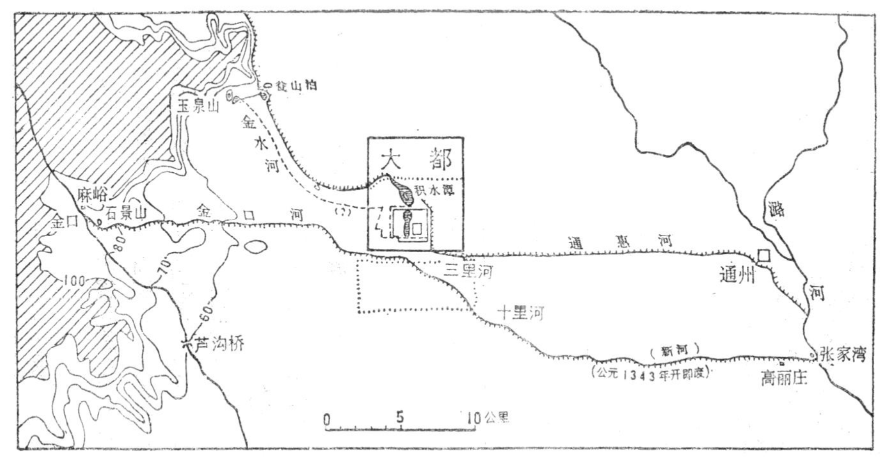

图 7-9　元大都城通惠河源流图

3. 恢复旧水源的努力

最后还须讲到在大都尚未建成之前，因郭守敬的建议，还曾一度恢复了金口河④，主要的目的不是为了济漕，而是为了运送山西的木材与石料，以

① 《元史》卷一六四：“至元……三十年帝还自上都，过积水潭，见舳舻蔽水，大悦，名曰通惠河。”按元积水潭即今什刹海，其面积已较旧日缩小。

② 白浮泉不能沿直线引入大都城，而必须向西绕行经过瓮山泊，完全是地形的关系。金水河故道不可详考，见侯仁之：《北京金水河考》，载《燕京学报》，第三〇期。

③ 《元史》卷六四《河渠志》“白浮瓮山”节屡记有白浮、瓮山堤堰为山洪所毁及水源不定的情况：“成宗大德七年六月瓮山等处看闸提领言，自闰五月二十九日始，昼夜雨不止，六月九日夜半，山水暴涨，漫流堤上，冲决水口。……十一年三月都水监言巡视白浮、瓮山，河堤崩三十余里，宜编荆笆为水口以泄水势。……仁宗皇庆元年正月都水监言白浮、瓮山堤多低薄，崩陷处宜修治。……延祐元年四月都水监言自白浮、瓮山下至广源闸堤堰，多淤垫浅塞，源泉微细，不能通流。……泰定四年八月都水监言八月三日至六日，霖雨不止，山水泛溢，冲坏瓮山诸处笆口，浸没民田。”按广源闸今尚存，在西直门外紫竹院后、万寿寺前。此外，势家权贵往往分用通惠河上游泉流，也是水源不畅的原因之一。同上“通惠河”一节：“文宗天历三年三月，中书省臣言：世祖时开挑通惠河，安置闸座，全借上源白浮、一亩等泉之水以通漕运，今各莅及诸寺观权势，私决堤堰，浇灌稻田水碾园圃，致河浅妨漕事，乞禁之。奉旨，白浮、瓮山直抵大都运粮河堤堰口泉水，诸人毋挟势偷决，大司农司都水监可严禁之。”

④ 金开金口河，济漕虽不成功，但还有灌溉之利，历久不废，《元史》卷一六四《郭守敬传》载：“至元二年授都水少监郭守敬言……金时自燕京之西麻峪村分引卢沟一支，东流穿西山而出，是谓金口。其水自金口以东、燕京以北，灌田若干顷，其利不可胜计，兵兴以来，典守者惧有所失，因以大石塞之。”

供应都城的建设。[①] 但是后来因为水灾的威胁，又把它堵塞了。到了元朝末年，大概由于通惠河水源不足、水流不畅，所以才又有重开金口引浑河（即今天的永定河）济漕的议论。首先是在文宗至顺元年（1330），行都水监郭道寿有此主张，但是经过工部等负责部门实地勘察之后，以为不可，未有动工。此后过了20年（顺帝至正二年，1342），中书参议孛罗帖木儿、都水辅佐再度上疏，不但主张重开金口，而且建议自大都以下，别开新河，其疏曰：

> ……起自通州南高丽庄，直至西山石峡铁板，开古金水口一百二十余里，创开新河一道，深五丈，广二十丈，放西山金口水东流，至高丽庄合御河（即潞水亦即潮白河），接引海漕，至大都城内输纳。[②]

当时廷臣以为不可，但中书右丞相脱脱力排众议，坚持执行，两月工毕，结果用力虽大，却是徒劳无功，孛罗帖木儿与傅佐还因此得罪伏诛。关于其失败的情况，《元史·河渠志》有如下的记载："……起闸放金口水，流湍势急，沙泥壅塞，船不可行，而开挑之际，毁民庐舍坟茔，夫丁死伤甚重，又费用不资，卒以无功。"[③]

这次开河虽不成功，却留下了一条明显的河床痕迹。在西郊，这就是石景山以东、八宝山以北的旱河，当地人民讹称"金钩河"（应是金口河），这一段河道实际上就是古代车箱渠的延续。在东郊，从今外城东南角经十里河至通州以南大高力庄，也有旱河一道，在近高力庄处，当地人民称之为"萧太后河"[④]，实际上也就是元朝末年所开金口新河的下游。只有中间一段，正在今日外城东部，由于明朝中叶以来民居市井日益繁盛，河道旧迹遂逐渐湮废。但是根据外城未筑以前（1553年以前）的明人记载，还可以比较准确地推求出当时河道，乃是从今正阳门以东水关附近，转而南下，经由天坛以北

---

① 苏天爵：《元朝名臣事略》，载《郭守敬行状》："公以纯德实学，为世师法……决金口以下西山之筏，而京师材用是饶。"（卷九，页一三下）又《元史》卷六《世祖纪》："至元三年……十二月丁亥诏安肃公张柔行工部尚书段天祐等同行工部事，修筑宫城……凿金口，导卢沟水，以漕山西木石。"

②③ 《元史》卷六六《河渠志》"金口河"节。

④ 见前顺直水利委员会实测《顺直地形图》"通县—香河县"幅（比例1:50000，1928年印）。

三里河更东南行，由左安门东出城，以接十里河之旧河床。[①] 明朝初年还曾利用过这条河流，排泄过护城河内过涨之水。[②] 以情理推测，这段河道在今正阳门水关以内，应该还向北延长约半公里，以与通惠河相接。这样，按照当时的计划，就可使粮船直入京城。[③]

在北京城近郊水源的开发上，元朝占了极其重要的地位，凡所经营，多是创举，小者如金水河的分流、运石大河的利用；大者如白浮泉的导引以及金口新河的开凿。无论成功或失败，总的来讲，在开发水源的努力上，可以说是达到了封建时期的最高峰。

六、 大都城的主要建设者

1. 刘秉忠

刘秉忠（1216—1274）是大都城主要的规划设计者，邢州（今河北省邢台）人。原名侃，字仲晦，秉忠是入宫后元世祖忽必烈赐给他的名。他少时为僧，法名子聪，自号藏春散人，早年隐居于琥安山中（今河北邯郸西），从金临济宗领袖海云禅师入见忽必烈。由于他学问渊博，尤其精通《易经》及邵氏经世之书，对天文、地理、历法等无不精通，所以深得忽必烈的赏识。忽必烈还在蒙古高原的时候，刘秉忠就已是他的谋臣。1256 年他曾奉命选址

① 成化六年（1470）漕运总兵官都督杨茂疏：“京城南原有三里河，直通张家湾烟郭桥。”又成化七年（1471）户部尚书杨鼎、工部侍郎乔毅疏：“城南三里河至张家湾运河口，袤延六十余里，旧无河源。正统年间因修城壕，作坝蓄水，虑恐雨多水溢，故于正阳桥东南低洼处，开通壕口，以泄其水，始有三里河名。自壕口三里至八里庄始接浑河旧渠……流自十里以南，全接旧河，流入张湾白河。”（以上均见《日下旧闻考》卷八九，页四下一一七下引《宪宗实录》）所谓“流自十里以南”之“十里”当系地名，今左安门（外城东南角门）外东南三公里有村庄曰十里河，在故渠岸上，当是其地。又嘉靖六年（1527）礼部尚书桂萼疏：“正阳门外东偏，有古三里河一道，东有南泉寺，西有玉泉庵，至今其下俱有泉脉。由三里河绕出慈源寺、八里庄、五箕花园一带，直抵张家湾烟墩港，地势低下，故道俱在，冬夏水脉不竭。见今天坛北芦苇园、草场九条巷，其地下者，俱河身也，高者即旧乓头，明白易见，不假经画，稍加修治，即日复也。但附近势家庄园，故成化六年杨茂虽尝建议，而不敢尽言，但请置坝而已，后亦竟沮不行。”（《日下旧闻考》卷五五，页四下一一五上引《桂文襄集》）以上皆外城未筑以前的记载，若干地名保留至今，可借以追溯元时故迹。清初朱彝尊引述上文后尝作按语曰：“张爵纪五城坊巷胡同，南城正东坊有西三里河、东三里河、芦苇园；崇南坊则存南河漕、于家湾、递运所、缆竿市；又有三转桥、纪家桥、板桥、双马庄、八里庄、十里河，皆三里河入张家湾故道，今其名虽存，而深谷为陵，遗迹渐不可考矣。”又于敏中等按语曰：“玉泉庵今存，在芦草园西席儿胡同内。南泉寺、缆竿市在三里河桥东，隶南城。”（《日下旧闻考》卷五五，页五上）录之以备参考。

② 《日下旧闻考》卷八九，页四下一一七下引《宪宗实录》杨鼎、乔毅疏。

③ 孙承泽：《春明梦余录》：“三里河在城南，元时名文明河，接通惠河，为漕储运二道，今铁闸尚存。”（卷六九，武英殿《古香斋本》，页九下）按文明河当因通惠河上之文明闸而得名。《元史》卷六四《河渠志》“通惠河”节：“文明闸二，上闸在丽正门外水门东南，下闸在文明门西南宁里。”元丽正门为大都南面正门，旧址当在今天安门附近，文明门为南面东门，旧址当在今东单牌楼十字街口。当时水门约当今御河桥处（桥已不存在，只余地名），估计由三里河北来的渠道，在此与通惠河相接，孙承泽谓之三里河元时又名文明河，或即因此。

建造开平城（古今内蒙正蓝旗东），中统四年（1263）升开平府为上都。至元元年（1264），忽必烈命子聪还俗，复刘氏姓，赐名秉忠，授光禄大夫、太保、参领中书省事。至元四年（1267），刘秉忠受命筑大都城，《元史·刘秉忠传》写道："（至元）四年，又命刘秉忠筑中都城，始建宗庙宫室。八年，（秉忠）奏建国号曰大元，而以中都为大都。他如颁章服，举朝仪，给俸禄，定官制，皆自秉忠发之，为一代成宪。"① 这就是说，不但大都城是刘秉忠主张建造的，就连元朝的国号，乃至开国的典章制度也是出自刘秉忠的建议。《续资治通鉴》记载了这样一段话："景定四年春正月（元世祖中统四年），蒙古刘秉忠请定都于燕，蒙古主从之。"也就是说，忽必烈决定定都北京，也是与刘秉忠的主张分不开的。

《析津志》中说："世皇（指忽必烈）建都之时，问刘太保秉忠定大内方向，秉忠以丽正门（其位置应在今天安门城楼之南）外第三桥南一树为向以对，上制可，遂封为独树将军。"从中我们可以看出刘秉忠在规划设计大都城时所起的作用。他善于"采祖宗旧典，参以古制之宜于今者"，依据《周易》的哲学理念，按《周礼·考工记》所载有关帝王都城建设的理想蓝图进行规划布局。据陆文圭《广东道宣慰使都元帅墓志铭》载，整个大都城的建造都是在刘秉忠的"经画指授"下进行的。② 至元十一年（1274）八月秉忠无病而终，时年59岁，"帝闻惊悼谓群臣曰：秉忠事朕三十余年，小心缜密，不避险阻，言无隐情，其阴阳术数之精，占事知来，若合符契，惟朕知之"。③

参与城址选择与规划设计的还有赵秉温。他奉忽必烈之命"与太保刘公同相宅""图上山川形势城廓经纬与夫祖社朝市之位，经营制作之方。帝命有司稽图赴功"。具体负责领导修建工程的还有汉族将领张柔、张弘略父子④，行工部尚书段祯（段天佑）⑤，蒙古人野速不花⑥，女真人高觿（xì）⑦，色目人也黑迭儿⑧等。其间段祯所起的作用比较大。他不仅自始至终参与了大都城的修建工作，而且在后来还长期担任大都留守。大都城建成后相当一

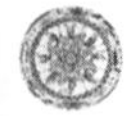

① 《元史》卷一五七《刘秉忠传》。
② 陆文圭：《广东道宣慰使都元帅墓志铭》，转引自《王灿炽史志论文集》，北京燕山出版社，1991年，第26页。
③ 柯劭忞：《新元史》卷一五七，中国书店影印本，1988年，第653－654页。
④ 《元史》卷一四七《张柔传》附《张弘略传》
⑤ 《元史》卷六《世祖纪三》；虞集：《大都城隍庙碑》，载《道国学古录》卷二三。
⑥⑦ 虞集：《高鲁王神道碑》，载《道国学古录》卷一七。
⑧ 欧阳玄：《马合马沙碑》，载《圭斋文集》卷九。

段时间内，城墙、宫殿、官署、河道的维修和增设，也是他负责的。[1] 实际上，大都城的宫殿建筑糅合了不少域外的建筑技巧和风格，像建筑上的盝顶殿、棕毛殿、维吾尔殿等，在元宫中也大量使用。总之，元大都城集中国三代都城规划之大成，成为中国城市规划和建设史上一份珍贵的遗产。

2. 郭守敬

图 7－10　郭守敬铜像（朱祖希 摄）

郭守敬（1231—1316）是元代杰出的科学家。邢州（今邢台）人，字若思，青年时代曾从学于刘秉忠门下。他擅长水利工程和天文历法，精于测量学，为大都城的水利工程，乃至古代天文历法都做出过重大的贡献。《新元史》列传载：郭守敬“生有异禀，巧思绝人”。[2] “守敬禀承祖业，天文、历

① 陈高华：《元大都》，北京出版社，1982 年，第 36 页。
② 柯劭忞：《新元史》卷一七一，中国书店影印本。

数、仪象制度、水利之学，冠绝一时。”①

郭守敬为了引水济漕，解决大都城的漕运问题，亲自踏勘了大都城西北沿山地区的泉流和水道，并进行了精密的地形测量。他发现大都城西北60里外的神山（今昌平区凤凰山）下有一眼白浮泉，出水甚旺，其地稍高于大都城，可开渠导引至大都城中。只是中间隔着沙河、清河河谷，难以跨越。于是，郭守敬便决定先将白浮泉水西引，然后循西山山麓，沿着平缓的坡降，汇集傍西山的诸多泉流，开渠筑堰，名“白浮堰”，导入瓮山泊（今昆明湖），再由瓮山泊浚治旧渠道，从和义门（明清时的西直门）北水关入大都城，汇入积水潭内。其下游从积水潭东南出万宁桥，沿皇城东墙外南下出丽正门东水关，转而东南至文明门外，与金时的旧闸河相接，直抵通州，从而为大都城开辟了前所未有的新水源。

图7－11　白浮泉九龙口遗址（朱祖希 摄）

① 《辞源》（修订本），商务印书馆，1986年，第3108页。

图 7－12　广源闸遗址（朱祖希 摄）

为了节制流水，提高水位，便是在坡度较大的河段，设置上下双闸交替启用，以调剂水流，便于漕船通行。“每十里置一闸，比至通州，凡为闸七，距闸里许，上重置斗门，互为提阏（闸板），以过舟止水。”[①] 新闸河从白浮泉引水处算起，下至通州高丽庄入白河（今北运河），当时实测总长 160 里 140 步。

这项水利工程于至元二十九年（1292）动工，第二年就全部完工。从此河运畅通，南来的船舶结队停泊在积水潭里，时值忽必烈从上都归来，“过移积水潭，见舳舻蔽水，大悦”，遂赐名通惠河。[②]

通惠河开凿成功，在北京的城市规划建设史上是一件大事。郭守敬不仅为解决大都城的水源做出了卓越的贡献，他在科学技术方面的创造发明更为大都城增添了异彩。

据史书记载，元初为了颁布新的历法，于至元十三年（1276）设立太史局，后改称太史院。这是专管天文观测和制定历法的中央机构。郭守敬担任太史院的副长官和改订历法工作的实际负责人。当时大都城保留了一些北宋

① 齐履谦：《知太史院事郭公行状》。按：闸的用途是“以时蓄泄水行船”，因为大都地势比通州高，所以采用此法。初修通惠河时河闸用木，武宗至大四年（1311），“诸闸皆腐”，易之以石。见宋䌹：《都水监改修庆事丰石闸记》，《燕石集》卷一三。

② 《元史》卷一六四《郭守敬传》。

时代的旧天文仪器，乃是金军攻陷汴京时掳掠而来的，大部分已经不能使用。为改订历法进行天文观测，郭守敬立即着手进行两方面的工作：首先，他创制了一整套天文仪器，包括简仪、高表、候极仪、浑天象、玲珑仪、仰仪、玄运仪、证理仪、景符、窥几、日月食仪、星晷、定时等，以及供野外天文观测用的正方案、丸表、悬正仪、座正仪等。接着，他奏请“建司天台于大都”，获准。至元十六年（1279）春，大都司天台兴工修建，地址选在“都邑东墉下”。整个建筑南北长200步，东西宽50步，上下分为三层。最下一层是太史院官署，中层和上层是天文台的主体部分，称为灵台，即司天台。中间一层分为8个室，按乾、坎、艮、震、巽、离、坤、兑八个方位划分，用来放置计时的漏壶，以及收藏天文、历法书籍，有几个室还绘有天文图。台顶（上层）安放各种天文观测仪器，如简仪、仰仪、正方案等。另外，在灵台左边还筑有小台，放置玲珑仪，右边设置测量日影高度的高表和石圭。台前还建有印历工作局，专门印刷历书。

由此可见，郭守敬制造的天文观测仪器和大都司天台的设施是相当齐备的，在当时的世界上也是先进的。令人痛惜的是，郭守敬制作的实物，在清康熙五十四年（1715）被西方传教士所毁，唯有他首创的大都司天台，经过明清改建，称为观象台。这座改建后的观象台，至今还屹立在北京建国门内以南，好像巍峨的丰碑，纪念着元代这位伟大科学家不朽的功勋。[①]

值得注意的是，还有来自太行山下曲阳县（今河北省曲阳）阳平村的石工杨琼和他的同乡闫家疃的石工王道、王浩兄弟。杨琼从小就学习石雕艺术，技术高超，能自出新意，人莫能及，很受忽必烈的赏识。忽必烈先筑上都，后筑大都，杨琼都参加了这两个都城宫殿和城郭的营建。王道、王浩兄弟也和杨琼一起参加了大都城的营造建设。元大都宫殿中，础确墀陛，雕镌极为精美，宫中陈设的奇器、建筑小品，乃至灵星门内金水河上的三座白石桥（周桥）及其阑楯，凡用石材之处，无不出自杨琼等人之手，而且都显示了高度的建筑艺术。所有这些都与杨琼等民间石匠艺术家的创造分不开。他们为我国建筑工程的石雕艺术所做的贡献是巨大的。

① 据侯仁之、金涛：《北京史话》，上海人民出版社，1980年，第80-81页。

七、大都城规划设计的历史文化价值

如前所述，大都城城址的选定，是将以积水潭为主的一串天然湖泊围入其中，而且又以太液池为依据，东岸建以宫殿（大内），西岸筑以隆福宫、兴圣宫，形成“三足鼎立”的格局。这是大都城的规划建设者极具慧眼和富有战略意义的一步。它不仅使大都城拥有一个风景优美、生态良好的环境，而且也为明清北京城所继承。

据建筑学家张驭寰先生回忆，当年他在清华大学建筑历史研究室工作时，梁思成先生曾说过这样的一番话：“英国有一位建筑大师来华参观，在北京金鳌玉炼桥上看到桥的南北都有浩瀚的水面，其开阔与平静令人欣赏，引人遐想。他甚至说，中国人真伟大，在这样一个对称式的城市里，突然有这样不对称的海，这是谁也想不到的，能有这样的规划建设的思想、手法，真是大胆的创造。”① 当时的积水潭（海子，包括今什刹海前海、后海、西海，以及业已消失了的太平湖）自西北而东南延展，水面非常辽阔，总面积有数千平方米，垂柳依依，绿丝拂岸。满目荷菱，惠风徐来，藕香扑面。其下游（即今之北海、中海）水面虽没有积水潭平远浩森，但也芦偃荷香，风景优雅。其周围琼楼玉宇、飞檐画栋，互相掩映。大都城无疑是当时世界上最美丽的都市之一。

大都城的平面布局展示了一个封建帝都最理想的规划设计模式。它也是第一次把一个古代关于营造封建国都的理想设计，结合实际的地理特点，在最近似的程度上，颇有创造性地体现出来。这个理想的设计见于《周礼·考工记》中。书中说：“匠人营国，方九里，旁三门，国中九经九纬，经涂九轨，左祖右社，面朝后市。”这里所说的“国”，即是指都城，其大意是：都城的营造，作正方形，每边长九里，各有三门。城中有纵横垂直的宽广大道各九条。在城的左方（东部）建筑大庙，右方（西部）建筑社稷坛。前面（南部）是朝廷，后面（北部）是商业市场的所在地。这个理想的设计，强调了城市布局的方正和规整，并把“朝廷”即宫城布置在全城最重要的部位上。此外，又在宫城的东、西两方分别配置了太庙和社稷坛两组象征封建帝

① 张驭寰：《中国古建筑分类图说》，河南科学技术出版社，2005 年，第 139 页。

王统治权力的建筑群。说它是一种“理想的模式”，是因为自《周礼·考工记》提出这个营建都城的规划设想，元代之前的各朝代并没有真正实现过。据考古发掘所知的战国都城，如齐临淄、燕下都，以及“郑韩故城”，都与之有很大的出入，即使是在中央集权的统一封建国家出现之后，无论是秦之咸阳，还是汉唐的长安和洛阳，在其平面布局上，似也难觅《周礼·考工记》理想设计的踪影。

大都城内，宫城位于南部的中央，宫城正北、中心阁周围地区是商业最集中的地方。太庙在宫城以东、齐化门内；社稷坛在宫城以西、平则门内，这是符合《周礼·考工记》面朝后市、左祖右社的布局原则的。而且城内门门相对、大街纵横交错，连同顺成街在内，也与《周礼·考工记》中的九条之数相符，只是城略作长方形。北面也传承汉魏洛阳以来都城北墙正中不开门的传统，只有二门，而不是三门，这主要是受当时地理条件，乃至古代风水理论的制约，再加上河湖水系的影响，又使得在规整的街道系统中，出现了一些变化。

总之，大都城的营建是经过精心规划设计的，而且是“先地下（铺设市政排水系统）后地上”进行建设的。它既继承了古代《周礼·考工记》有关都城建设的理想设计，又因地制宜地加以创造性的发展。作为一个封建帝王的都城，它的总体规划具有鲜明的特色。在明朝永乐帝决定迁都北京之后，在此基础上又进行了大规模的改建、扩建，进一步拓展了它所要表达的主题思想——“普天之下，唯我独尊”，从而取得了更加突出、更为理想的效果。

参考文献

[1] 侯仁之. 历史地理学的理论与实践. 上海：上海人民出版社，1979.
[2] 侯仁之. 晚晴集——侯仁之九十年代自选集. 北京：新世界出版社，2001.
[3] 侯仁之. 北京历史地图集. 北京：北京出版社，1988.
[4] 侯仁之，金涛. 北京史话. 上海：上海人民出版社，1980.
[5] 侯仁之. 北京城市历史地理. 北京：北京燕山出版社，2000.
[6] 侯仁之. 北平历史地理. 北京：外语教学与研究出版社，2013.
[7] 梁思成. 梁思成文集. 北京：中国建筑工业出版社，1991.
[8] 奥斯伍尔德·喜仁龙. 北京的城墙和城门. 北京：北京燕山出版社，1985.
[9] 李允鉌. 华夏意匠. 香港：广角镜出版社，1982.
[10] 王会昌. 中国文化地理. 武汉：华中师范大学出版社，1992.
[11] 于杰，余光度. 金中都. 北京：北京出版社，1989.
[12] 首都博物馆. 元大都. 北京：北京燕山出版社，1988.
[13] 曹子西. 北京通史. 北京：中国书店出版社，1995.
[14] 贺业钜. 考工记国营制研究. 北京：中国建筑工业出版社，1986.
[15] 贺业钜. 中国古代城市规划丛书. 北京：中国建筑工业出版社，1986.
[16] 叶骁军. 中国都城发展史. 西安：陕西人民出版社，1988.
[17] 汪国瑜. 建筑——人类生息的环境艺术. 北京：北京大学出版社，1996.
[18] 刘国桢. 中国古代建筑史. 北京：中国建筑工业出版社，1980.
[19] 同济大学城市规划教研室. 中国城市建设史. 北京：中国建筑工业出版社，1982.
[20] 傅熹年. 中国古代城市规划建筑群布局及建筑设计方法研究. 北京：中国建筑工业出版社，2001.
[21] 王鲁民. 中国古典建筑文化探源. 上海：同济大学出版社，1997.
[22] 杨宽. 中国古代都城制度史研究. 上海：上海古籍出版社，1993.
[23] 董鉴泓. 中国古代城市建设. 北京：中国建筑工业出版社，1988.
[24] 赵立瀛，何融. 中国宫廷建筑. 北京：中国建筑工业出版社，1992.
[25] 陈江风. 天人合一——观念与华夏文化传统. 北京：三联书店，1996.
[26] 陈江风. 天文崇拜与文化交流. 郑州：河南人民出版社，1994.
[27] 李普国. “周礼”的经济制度与经济思想. 郑州：中州古籍出版社，1987.
[28] 闻人军. 考工记导读. 成都：巴蜀书社，1988.
[29] 汪德华. 中国古代城市文化思想. 北京：中国城市出版社，1997.
[30] 于希贤. 中国古代风水与建筑选址. 石家庄：河北科技出版社，1996.
[31] 刘沛林. 风水——中国人的环境观. 上海：三联书店，1995.

[32] 唐明邦. 周易评注. 北京：中华书局，1995.
[33] 亢亮，亢羽. 风水与城市. 天津：百花文艺出版社，1999.
[34] 傅筑夫. 中国经济史论丛. 北京：三联书店，1980.
[35] 曲英杰. 先秦都城复原研究. 哈尔滨：黑龙江人民出版社，1991.
[36] 翟严晋. 周易与华夏文明. 上海：上海人民出版社，1998.
[37] 史念海. 中国古都和文化. 北京：中华书局，1995.
[38] 黄建军. 中国都城选址与规划布局的本土思想研究. 厦门：厦门大学出版社，2005.